2020—2021 年中国工业和信息化发展系列蓝皮书

2020—2021 年
中国战略性新兴产业发展蓝皮书

中国电子信息产业发展研究院 **编 著**

张 立 **主 编**

程 楠 **副主编**

電子工業出版社
Publishing House of Electronics Industry
北京 · BEIJING

内 容 简 介

近年来，中国战略性新兴产业快速发展，充分发挥了经济高质量发展引擎作用，形成了良好的发展局面。本书为系统展示2020年中国战略性新兴产业发展全景，并对2021年进行展望编写而成，分为4篇，共12章。

综合篇，对全球新兴产业发展情况进行了分析，对我国战略性新兴产业发展的现状、问题进行了全面总结并提出若干建议。产业篇，系统分析了八大产业的国内外发展动态、重点领域、年度热点事件和重点企业情况。热点篇，对人工智能、5G、新能源汽车、生物技术等前沿领域应用情况进行了分析，并结合人才培养、企业对策、行业促进和政策制定提出了对策建议。展望篇，对2020年战略性新兴产业发展进行了总体研判，并对八大产业的发展情况进行了预测。

图书在版编目（CIP）数据

2020—2021年中国战略性新兴产业发展蓝皮书 / 中国电子信息产业发展研究院编著；张立主编. —北京：电子工业出版社，2021.12
（2020—2021年中国工业和信息化发展系列蓝皮书）
ISBN 978-7-121-42408-3

Ⅰ. ①2… Ⅱ. ①中… ②张… Ⅲ. ①新兴产业－产业发展－研究报告－中国－2020-2021 Ⅳ. ①F279.244.4

中国版本图书馆CIP数据核字（2021）第238923号

责任编辑：秦 聪
印 刷：中煤（北京）印务有限公司
装 订：中煤（北京）印务有限公司
出版发行：电子工业出版社
北京市海淀区万寿路173信箱 邮编：100036
开 本：720×1 000 1/16 印张：11.25 字数：252千字 彩插：1
版 次：2021年12月第1版
印 次：2021年12月第1次印刷
定 价：218.00元

凡所购买电子工业出版社图书有缺损问题，请向购买书店调换。若书店售缺，请与本社发行部联系，联系及邮购电话：（010）88254888，88258888。

质量投诉请发邮件至zlts@phei.com.cn，盗版侵权举报请发邮件至dbqq@phei.com.cn。

本书咨询联系方式：（010）88254568，qincong@phei.com.cn。

前言

近年来，我国战略性新兴产业快速发展，顶层设计不断完善，重点领域持续发展壮大，新增长点陆续涌现，创新能级不断跃升，竞争实力稳定增强，充分发挥了经济高质量发展引擎作用，形成了良好的发展局面。

2020 年，新冠肺炎疫情给我国发展带来了新的变数，战略性新兴产业面临国内外更加复杂的机遇与挑战。从国际看，全球产业格局加快重构，世界主要国家加快新兴产业布局，以期重塑竞争优势并缓解疫情的不利影响。欧盟委员会发布《塑造欧洲数字化转型》，重点关注人工智能、量子和高性能计算、先进机器人、自主移动、先进材料、虚拟和增强现实等技术；日本政府出台《2050 年碳中和绿色增长战略》，倡导通过发展海上风电、氨燃料、氢能、核能等 14 个产业，构建“零碳社会”；美国政府出台了新的《关键与新兴技术国家战略》，旨在保障美国在高级计算、高级工程材料、高级传感、量子信息科学等 20 个尖端科技方面的优势。从国内看，高质量发展成为当前经济发展的主题，需要不断提升产业和技术发展层级，尤其是要更加充分地发挥战略性新兴产业在调结构、稳增长、促转型方面的作用，大力推进科技创新及其他各方面创新，加快推进数字经济、智能制造、生命健康、新材料等战略性新兴产业，形成更多新的增长点、增长极。

在国内外形势加速变化的背景下，战略性新兴产业的快速复苏为我国经济筑底回升提供了有力保障。从投资来看，2020 年，作为战略性新兴产业重要组成部分的高技术制造业投资同比增长10.6%，比制造业投资增速高12.8个百分点，成为抑制全社会投资下滑的稳定器。从地方来看，新兴产业蓬勃发展，成为各地经济发展的“领头雁”。北京市规模以上工业中，战略性新兴产业增加值增长9.2%，其中的智能手机、工业机器人和集成电路等高技术产品产量分别增长18.9%、13.4%和9.7%；安徽省战略性新兴产业产值同比增长18%，占规模以上工业的40.3%；深圳市战略性新兴产业增加值为10272.72亿元，同比增长3.1%，占地区生产总值的比重为37.1%；多个地区涌现出一批新兴产业集群，如上海市的集成电路、无锡市的物联网、苏州市的纳米新材料等。

为系统展示2020年战略性新兴产业发展全景，并对2021年进行展望，中国电子信息产业发展研究院编著了《2020—2021年中国战略性新兴产业发展蓝皮书》，全书分为4篇，共12章。其中：

综合篇包括2章，对全球新兴产业发展概况进行了分析，对我国战略性新兴产业发展的现状、问题进行了全面总结并提出若干建议。

产业篇包括8章，分别围绕新一代信息技术产业、高端装备制造产业、新材料产业、生物产业、新能源汽车产业、新能源产业、节能环保产业和数字创意产业，系统分析了各产业的国内外发展动态、重点领域、年度热点事件和重点企业情况。

热点篇包括1章，对人工智能、5G、新能源汽车、生物技术等新兴产业前沿领域应用情况进行了分析，并结合人才培养、企业对策、行业促进和政策制定提出了建议。

展望篇包括1章，对2021年战略性新兴产业发展进行了总体研判，并对新一代信息技术产业、高端装备制造产业、新材料产业、生物产业、新能源汽车产业、新能源产业、节能环保产业和数字创意产业的发展情况进行了预测。

希望本书能够为政府部门和企业界人士提供参考。鉴于战略性新兴产业涉及领域广、热点问题多，本书的研究和编写难免有欠妥和疏忽之处，欢迎广大读者批评指正。

目 录

综 合 篇

产 业 篇

热 点 篇

展 望 篇

综　合　篇

第一章

2020 年全球新兴产业发展概况

第一节　全球新兴产业发展新特征

自 2020 年以来，人工智能、量子通信、新能源、生物技术等新兴产业持续创新突破和应用发展，越来越多地出现在人们的生产生活中，新特征新趋势不断显现。然而，受诸多不确定性因素影响，全球争夺新兴产业未来发展制高点的竞争日趋激烈，新兴产业出现区域化、分散化等特征。

一、新兴产业发展呈现区域化特征

受新冠肺炎疫情持续蔓延、大国博弈持续升级、逆全球化的叠加影响，全球新兴产业在创新链、产业链、供应链等层面开始呈现区域化、分散化特征。

一是各国为确保新兴产业安全开始重新审查部署产业链。新兴产业作为未来各国竞争制高点，安全、稳定成为各国战略部署的考虑重点。以跨国公司为代表的众多企业开始分散研发生产基地和采购来源，以平衡经济性和安全性。近期，美国对半导体、医疗设备、电动汽车电池等新兴产业产品供应链进行审查[1]，并计划对国防、公共卫生、能源和运输设备等六个部门进行长期审查，排除对其他阵营国家的依赖。

二是各国对竞争对手实施新兴产业技术封锁和压制。美国加紧制裁中国集成电路、5G 等高科技产业和先进制造业，将中国高技术龙头企业纳入实

① 李京泽：《拜登签令审查半导体等关键产品全球供应链，外交部回应》，中国新闻网，2021 年 2 月 25 日。

体制裁清单，通过收紧“产品使用规则”来限制 EDA 软件、芯片制造、半导体设备等相关技术和产品的供应。日本也在高技术领域对韩国实施制裁，通过获批周期较长的审批程序来限制向韩国出口氟聚酰亚胺、光刻胶和高纯度氟化氢等垄断性关键材料，制约韩国新型显示和芯片产业的正常运转。

二、数字安全成为新兴产业风险

随着产业数字化和数字产业化的深入发展，新兴产业在数据监管、隐私和安全等方面将面临更加深刻的挑战，相应地，全球性法规、安全风险管理将受到越来越多的重视。

一是强调隐私保护的增强计算技术应运而生。隐私增强计算可有效提升数据共享、金融服务、情报等领域的安全性，隐私增强技术一方面可以实现保密性或隐私性的需求，另一方面可以动态保护正在使用的数据。隐私增强计算将有望被半数以上的大企业部门用于数据处理，从而在不受信任的环境下实现多方数据分析处理。

二是安全可控的网络管理方法加速突破。随着新冠肺炎疫情影响及产业数字化进程加速推进，企业网络的物理和逻辑安全已临近边界，网络安全网格在此背景下实现技术突破，并被广泛关注。通过网络安全网状组网、安全控制措施实现对分布式资产的运用，适用于非受控设备的安全访问、云端应用及分布式数据，能够使诸多安全工具跳出孤岛环境，实现多工具协同操作。

三是泄密和攻击模拟工具有助于风险管控。模拟类风险管控工具可对处于各类风险下系统的防御态势进行连续性系统评估，实现更有效的安全状况缺口识别，并对安全计划进行科学动态调整，实现分等级分时效的管理，未来风险管控框架将进一步扩大监管企业的范围。

三、低碳能源将是新兴产业重要的发展方向

2021 年 2 月，美国重新加入《巴黎协定》，能源问题仍然是当前各国需要突破的重大课题。当前，化石能源消耗比重仍高达 85%，随着环境压力日益严峻，风能、光伏、氢能、核能等新能源成为各国能源产业重要的发展方向。

一是氢能源技术将进入战略关键期。氢气具备来源广泛、清洁高效和应用场景丰富等优点，是全球能源技术革命和转型发展的重大战略方向。美国、

德国、日本、韩国等主要工业化国家陆续制定包括氢能在内的国家能源战略。据国际氢能委员会预测，氢能产业市场规模在 2050 年将达到 2.5 万亿美元（约合 16.2 万亿元），占全球能源消费总量的 18%。

二是光伏发电有望迈入新一轮黄金发展期。经过数十年的产业化突破，当前光伏发电在整个电力供应中的市场份额约 3%。光伏发电成本经过多种途径的压缩，目前已经接近甚至低于火力发电成本，且有望进一步压缩降低。据有关机构预计，2030 年，全球光伏能源结构占比将突破 16%。

三是新能源电池产业竞争加剧。近年来，全球新能源汽车发展如火如荼，各国政府及有关企业相继发布新能源汽车战略规划，新能源汽车企业加速电动化发展，高性能动力电池需求潜力不断释放。全球新能源汽车电池在激烈的竞争中，格局逐渐清晰，宁德时代的动力电池装机量位居全球第一，约占总动力电池装机量的 23.1%，其后是 LG 化学、松下、三星 SDI 和 SK 创新动力电池。同时，仍有一批企业不断尝试通过前沿技术寻求突破和逆袭。

四、新兴产业的发展将更加凸显以人为本

以人为本是新兴产业发展的根本诉求，历次工业革命从动力、时空等层面不断解放人类，新兴产业未来发展将更加体现以人为本的特征，提升生命质量、突破老龄化社会制约的生命健康技术和产品将有更广阔的发展空间和潜力。

一是为了防控突发疫情、控制遗传性疾病、延长寿命或提高生活质量，新型生物疫苗、基因编辑技术等生命科学技术研发和应用成为未来健康产业的发展重点。例如，美国怀特黑德研究所设计出 CRISPRoff 新基因编辑技术，实现在不改变 DNA 序列的情况下使某些基因“沉默”，为研究表观遗传机制、治疗重大疾病及研发新型冠状病毒疫苗等开辟了新的途径[①]。

二是全球大部分国家面临人口老龄化难题，用于实时监测慢性疾病的可穿戴设备，如心脑血管监测、血糖血压检测等出现巨大的需求，基于脑机接口等人工智能和大数据分析的个性化健康管理也受到越来越多的关注和青

① 张梦然：《基于 CRISPR 的新冠病毒快速诊断技术出现》，《科技日报》，2020 年 4 月 20 日。

眯。例如，基于量子技术的可穿戴的光泵磁强计-脑磁图系统，实现癫痫病患者发作时的大脑活动记录，也为帕金森病患者创造了一个适用的评估途径。

五、应用场景成为融合性新兴产业的策源地

以人工智能、大数据为代表的新一代信息技术与人类生产生活进一步深度融合，提供极致完美的应用体验。

在工业领域，“5G+工业互联网”深度融合，除制造工厂、冶金、港口、矿山等场景之外，将不断涌现更多的应用场景，持续提升生产效率和安全生产水平。如在阳煤新元煤矿，依托井下 534 米的 5G 煤矿专网，实现井上井下工作协同、机电硐室无人巡检、综采面无人操作、设备远程故障预测等 5G 应用场景。

在生活领域，智能网联汽车、远程医疗、智能电网、VR 等应用使资源配置更优化，人民生活更便捷，沉浸式体验更接近真实体验。随着生产生活的智能应用越来越普遍，应用场景逐渐成为新兴产业的前沿阵地。企业机构开始着手制定全面体验策略，包括数据采集、环境分析、风险识别等，这些来自应用场景的大数据将对科学制定产业政策、行业标准、技术创新起关键的作用，应用场景也将成为融合性新兴产业的策源地。

第二节　主要发达国家新兴产业发展新动向

一、美国

2020 年 3 月，美国政府发布了《5G（第五代移动通信技术）安全与超越法案》和《宽带数据法》，以保护美国 5G 系统等通信系统的安全。2021 年 5 月，美国国会参议院通过《无尽前沿法案》，计划在未来 5 年投入千亿美元（约合 6465 亿元）推进量子计算、先进通信、人工智能等十大关键科技领域的研发，力图加强美国在科技领域的技术优势。

（一）优势领域的最新动向

人工智能研发机构强强合作。2020 年 2 月，美国政府发布了《美国人工智能倡议首年年度报告》，该报告从人工智能研发投入、人工智能人才培训、人工智能创新环境等方面，总结了“美国人工智能倡议”的重大进展。2020

年 6 月，美国国会提出《军队人工智能法案》，再次强调人工智能在美国国防部的重要性。2020 年 8 月，美国政府宣布，未来 5 年将投资超过 10 亿美元（约合 64.65 亿元）设立 12 个新的量子科技和人工智能研究机构，美国国家科学基金会等机构将向人工智能领域的研究所投资 1.40 亿美元（约合 9.05 亿元）。2020 年 9 月，美英两国正式签署《人工智能研究与开发合作宣言》，以促进两国人工智能领域的共同发展。

量子科技领域加大研发投入力度。2020 年 2 月，美国联邦政府预算报告提议增加联邦研发支出至 1422 亿美元（约合 9193 亿元），并计划大幅增加对量子科技等产业的投资。2020 年 3 月，美国工业巨头霍尼韦尔公司宣布制造出了高性能的量子计算机。2020 年 8 月，美国政府宣布，美国能源部将对致力于量子领域的研究所投资 6.25 亿美元（约合 40.41 亿元）。

半导体制造业加大回流培育力度。2020 年 6 月，美国国会议员提出《为美国生产半导体制定有益激励措施》法案。该法案通过制定更多的激励措施引导先进芯片制造，推动尖端领域的研发和半导体制造业回流美国，以确保美国供应链安全。法案提供 100 亿美元（约合 646.5 亿元）的资金以激励半导体企业在美国各州建厂，并提供 120 亿美元（约合 775.80 亿元）的研发资金，还为半导体设备提供一定比例的所得税抵免。企业层面，2020 年，美国几大半导体巨头纷纷加速并购：9 月，英伟达宣布将以 400 亿美元（约合 2586 亿元）收购英国 Arm，深耕边缘计算领域，旨在打造人工智能时代全球顶尖的计算公司；10 月，美国超威半导体宣布以 350 亿美元（约合 2262.75 亿元）收购赛灵思（Xilinx），旨在扩展自身版图，重塑半导体行业格局。

（二）政府采取的主要举措

加强顶层规划设计和科研投入。为强化美国在科技领域的技术优势，美国政府加大对战略谋划的重视程度和对科研投入的支持力度。2020 年 1 月，美国国会参议院提出《2020 年未来产业法案》，计划在未来 2 年投入量子计算、先进通信、人工智能等关键科技领域的研发经费增加一倍，并建议到 2025 年投入 100 亿美元（约合 646.5 亿元）用于这些领域的民用开支。该法案最终将推动美国先进技术的发展。

重视产业链、供应链安全。随着中国科技水平与美国差距的不断缩小，美国政府对产业链、供应链安全的重视程度不断提高。2020 年 3 月，美国政府发布了《5G 安全与超越法案》《2019 年安全和可信通信网络法案》《宽带数据法》，旨在保护美国 5G 系统和基础设施的安全。2020 年 5 月和 12 月，美国商务部工业和安全局依次宣布对华为和中芯国际公司禁运生产半导体所需的设备和材料，旨在通过控制半导体制造业的研发技术，确保美国对产业链的控制力。

二、德国

2020 年，德国政府发布了《国家氢能战略》和《国家生物经济战略》，修订了《人工智能战略》，加大对新能源、生物技术、人工智能领域的政府投入。在经济复苏计划中，规划了数百亿欧元（约合 766.91 亿元）重点投入电动汽车、数字技术等领域[①]。

（一）优势领域的最新动向

新能源技术全面推广应用。2020 年 6 月，德国出台了全世界首个国家氢能战略——《国家氢能战略》，决定投资 90 亿欧元（约合 690.22 亿元）全面刺激氢能源产业发展，其中 70 亿欧元（约合 536.84 亿元）用来壮大氢能价值链，另外 20 亿欧元（约合 153.38 亿元）用于氢能的“国际合作”，力图进一步确保德国在氢能源技术研发领域的国际领导地位。《国家氢能战略》提出一系列支持新能源产业发展的举措，如加大对替代燃料汽车补贴力度、继续加大氢能示范区项目推广力度、建立有国际竞争力的燃料电池供应链、推动氢燃料电池汽车国际标准统一、加快加氢站基础设施建设等。

生物医药向智能化方向发展。生物技术领域，2020 年 1 月，德国政府提出《国家生物经济战略》。《国家生物经济战略》计划在 2020 年至 2024 年在生物经济领域投入 36 亿欧元（约合 276.09 亿元），以确保德国在生物经济领域的全球领先地位。《国家生物经济战略》的具体目标包括支撑生物技术研究，加快生物技术成果转化，推动生物经济与人工智能、机器人、自动化等领域跨界融合，开展生物领域国际合作等。医药领域，随着《数字供应法案》的出台，2020 年德国医疗系统开始全面数字化，视频咨询、电子病历、医疗健康 App（手机软件）等加速推广。

---

① 中国经济网：《全球累计确诊超 628 万例 德国通过 1300 亿欧元经济复苏计划》，2020 年 6 月 4 日。

新能源汽车市场份额节节攀升。德国车企在新能源汽车领域的布局明显加速。为了快速推动传统汽车向电动化转型，大众、宝马、戴姆勒等德国车企纷纷宣布电动汽车销量目标。大众集团旗下各品牌计划到 2028 年共销售电动车 2200 万辆；宝马公司计划于 2021 年交付 100 万辆电动车；戴姆勒股份公司计划 2030 年的电动车销量占其乘用车销量的 50%。同时，德国车企在加大对燃料电池汽车的研发投入。戴姆勒股份公司卡车部门与沃尔沃集团于 2020 年 11 月成立了一家合资企业，共同研发生产燃料电池商用车。博世集团也在氢燃料电池研发领域加大投入，同时加强与瑞典 PowerCell 的合作，计划在 2022 年前量产燃料电池系统及其零部件。

（二）政府采取的主要举措

加强对高科技产业的战略引导。2020 年，德国发布多项高技术产业的战略规划，其中，《国家氢能战略》旨在将德国打造成“全球领先的氢技术供应商”，《国家生物经济战略》将引导生物领域的研究开发和跨界合作，《人工智能战略》将对人工智能的资助金从 30 亿欧元（约合 230.07 亿元）增加到 50 亿欧元（约合 383.46 亿元），旨在更好地应用人工智能技术应对新冠肺炎疫情，同时增强德国在人工智能等技术领域的主导权。在新冠肺炎疫情应对计划中，德国政府规划了数百亿欧元（约合 766.91 亿元）重点投入数字技术、生物医药和新能源等领域。

增加对高校和科研机构的投入。2020 年，德国政府继续加大对创新联盟的资金投入，到 2024 年对 61 家新建的创新联盟资助 6 亿欧元（约合 46.01 亿元），促进“创新与结构转型”；计划新增投资 1 亿欧元（约合 7.67 亿元）用于支持研究机构的电池研究；启动了“研究数据行动计划”，支持科学领域数据基础设施建设；发布《研究和创新框架计划 2021—2024：微电子・可靠与可持续・为了德国和欧洲》，计划 2021—2024 年投入 4 亿欧元（约合 30.68 亿元）资助微电子研究。

加大对受疫情影响较大群体的扶持力度。德国政府发布中小企业数字化投资补助计划，加大对中小企业支持力度，计划到 2023 年年底前投入 2.03 亿欧元（约合 15.57 亿元）资助中小企业数字化业务。同时出台一系列稳定科学研究的应急计划，帮助受疫情影响的科研人员渡过难关，包括推迟 2019 年度经费报告的递交时间、允许年度经费跨年使用等。

三、日本

2019 年，日本政府启动“登月”型研发制度后，在 2020 年 1 月的综合科学技术创新会议中提出“登月”型研发制度的六大目标，包括开发更高性能的人工智能机器人、实现疾病的超早期预防、实现可持续的资源循环、研发容错型通用量子计算机等。日本致力发展超智能社会，2020 年 6 月，日本内阁发布《科技白皮书》，指出日本需要推进科技振兴，加速实现超智能社会。

（一）优势领域的最新动向

机器人多项技术实现突破。政府层面，日本政府确定的“登月”型研发制度目标中有两项与机器人相关，包括开发机器人和多人远程操作的虚拟替身以使人从空间和时间制约中解放出来，以及研制可自主行动、学习并与人共生的机器人。企业层面，2020 年 8 月，日本 SkyDrive 公司的飞行汽车试验获得成功。SkyDrive 公司载人飞行汽车可通过计算机进行远程操控，在系统异常的情况下也可以确保安全飞行。2020 年 12 月，日本机器人理财顾问公司 WealthNavi 在东京证券交易所上市，成为日本东京证券交易所 2020 年最大规模的 IPO。

政府企业合力发展人工智能。政府层面，2020 年 7 月，日本政府发布《综合创新战略 2020》，重点推进人工智能等新技术的运用，加快数字化转型，同时计划到 2024 年将人工智能相关科目加入大学入学考试中，旨在加快推进人工智能技术的应用。企业层面，2020 年 4 月，索尼全面进军人工智能领域，设立子公司 Sony AI（索尼—人工智能），旨在全面提升人工智能能力。索尼的人工智能技术主要集中在三个方面：感知、数据分析、机电一体化/视音频输出。2020 年 6 月，微软日本成立 Rinna 株式会社，将在市场推广、游戏、汽车、护理等领域提供人工智能服务。2020 年 6 月 22 日，国际超算大会（ISC）发布的 Green500 榜单中，日本深度学习领域独角兽 Preferred Networks 公司开发的用于深度学习的超算 MN-3 位列榜单榜首。

新能源技术不断推广应用。政府层面，2020 年 10 月 26 日，日本首相宣布了日本进入脱碳社会的具体时间表，确立 2050 年实现温室气体净零排放的目标，旨在加大对新一代太阳能电池和碳回收技术的研发投入。2020 年 12 月 21 日，日本经济产业省颁布一份新的能源规划提案，引导能源技术向氢气、氨气两种清洁燃料发展。企业层面，2020 年 3 月 14 日，日本东芝能源系统与解决方案公司、东北电力公司和岩谷产业公司共同建造的福岛氢能研究场（FH2R）开始运行，成为世界最大的利用可再生能源的10兆瓦级制氢装置，将推动低成本制氢技术的应用。2020年6月5日，日本东北电力公司也加大在太阳能发电领域的投入，目标是在2021年内建成52兆瓦的大规模发电站。

（二）政府采取的主要举措

加大对创新计划的支持力度。“登月”型研发制度作为日本政府旨在复兴科技创新立国的重要项目，着眼于推动具有突破性的创新成果和更为大胆的挑战性研发。日本政府非常重视“登月”型研发制度，多次为其追加预算，并明确由新能源产业技术综合开发机构和科学技术振兴机构开展研发业务。

大力推动社会智能化转型。日本政府对人工智能产业的发展和应用更加重视。2020年6月发布的《科技白皮书》，提出加速实现超智能社会的目标。2020年9月，日本首相宣告将成立数字厅，旨在通过集聚数字领域高水平人才，进而引领社会整体的数字化转型。数字厅作为日本首相直辖的数字化转型管理机构，将在很大程度上促进日本人工智能领域的发展。

全力推进《绿色增长战略》实施。2020年，日本政府发布《绿色增长战略》，继续加大对新能源产业的支持力度，计划撬动超240万亿日元（约合14.1万亿元）的投资，以补贴、减税等优惠措施，促进风电、核能、氢能等14个产业的发展，降低对火力发电的依赖，加快日本经济的复苏，计划在2050年完全实现碳中和。

四、韩国

2020年年初，韩国政府发布科技工作年度计划，提出多项重点工作，包括：整合科研体系以消除部门壁垒，促进科研人才和资金的流动；推动人工智能产业发展，培养更多的人工智能相关人才等。2020年7月，韩国政府发布综合规划，计划到2025年在智能医疗、智能政务、绿色环保等领域共投资约160万亿韩元（约合8977.6亿元），以振兴科技和经济发展。

（一）优势领域的最新动向

半导体瞄准尖端产业世界工厂。2020年7月，韩国政府发布《材料、零部件和设备2.0战略》，大幅扩充战略产品的供应链管理名录，通过进口多元化、提高国产化程度等方式，降低对日本进口产品的依赖，确保供应链的稳定。同时，韩国政府推出“制造业回流”战略，与多家企业和科研院所签署合作协议，旨在将韩国打造为“尖端产业世界工厂”。

人工智能明确强国目标。2020 年 1 月，韩国科技部正式启动《人工智能国家战略》，计划在 1 年内将人工智能运算支持公司数量提升至 800 家以上，到 2025 年共投资约 3939 万亿韩元（约合 22.1 万亿元）用于韩国光州市打造人工智能园区。同时，韩国政府还将投资 3000 亿韩元（约合 56.1 亿元）用于建立人工智能专项基金，为人工智能产业提供后续支持。

（二）政府采取的主要举措

加大对开拓型基础研究的支持。韩国政府高度重视对“下一代战略技术”的研发，《2020 年科技和 ICT（信息与通信技术）研发综合计划》中提出加大对创新开拓型基础研究的支持力度，加强未来产业核心原创技术的研发。2020—2021 年，韩国政府研发经费预算连续两年保持两位数增长。

强化战略规划引领新兴产业发展。韩国政府于 2020 年出台多项重大科技计划，包括《以人工智能强国为目标的人工智能半导体产业发展战略》《研发投资系统创新方案》《极地科学未来发展战略》《材料、零部件、装备 2.0 战略》《5G+战略发展现状及未来计划草案》等，旨在加强对高科技产业的战略引导。

第二章

2020 年中国战略性新兴产业发展概况

第一节　中国战略性新兴产业发展形势

一、外部环境不确定性显著增加，给我国战略性新兴产业发展带来较大的潜在风险

自 2020 年以来，我国战略性新兴产业在承压中前行，成为拉动经济增长的重要引擎。战略性新兴产业采购经理指数（EPMI）在 2 月创下历史最低点之后，于 3 月开始大幅反弹。2020 年，规模以上工业战略性新兴产业增加值同比增长 6.8%，高于同期全部规模以上工业增加值增速 4.0 个百分点（见图 2-1）。“十四五”时期是我国开启全面建设社会主义现代化国家新征程的第一个五年，制造强国与网络强国建设全面进入承压期和攻坚期，我国战略性新兴产业发展面临的风险显著增多。一方面，大国竞争与博弈持续加剧，中美经贸摩擦呈现出长期性、全面性等特征，以美国为首的发达国家与中国在经贸领域的摩擦逐步扩展到科技、金融、投资、人才交流等领域，大批高科技企业被美国纳入出口管制“实体清单”，我国在航空发动机、集成电路、高档数控机床、工业软件、操作系统等关键领域的瓶颈问题凸显，国内企业可能被隔离在国际产业生态圈边缘，战略性新兴产业高端突破的难度日益加大。另一方面，新冠肺炎疫情在全球蔓延，世界主要经济体普遍出现负增长，国际贸易和投资大幅萎缩，市场需求明显下滑，全球经济可能较长时间处在低迷期，驱动我国战略性新兴产业发展的动力不足，下行压力依然较大。

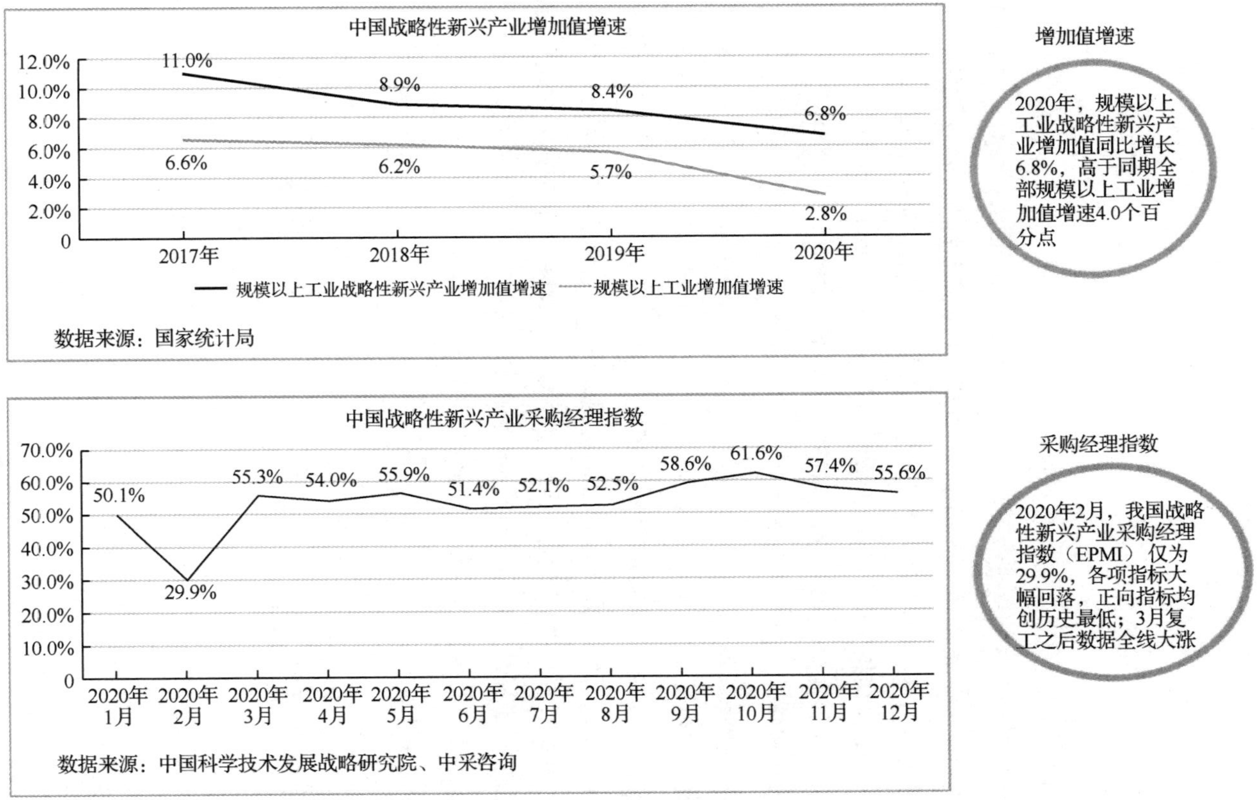

图2–1　中国战略性新兴产业行业发展态势

二、新型基础设施建设步伐加快，将推动我国战略性新兴产业开启新一轮快速增长周期

加快新型基础设施建设是应对当前复杂严峻的经济形势、夯实经济高质量发展基础的重要举措。从短期看，能够扩大国内需求、增加就业岗位，有助于消除疫情冲击带来的产出缺口、对冲经济下行压力。从长远看，适度超前的新型基础设施建设能够夯实经济长远发展的基础，显著提高经济社会运行效率，为我国经济长期稳定发展提供有力支撑。2020 年 3 月以来，中央层面多次提及加快“新型基础设施建设”（以下简称新基建），地方政府对新基建的政策支持力度不断加大，全国各地的新基建规划与政策相继出台。如上海市发布《上海市推进新型基础设施建设行动方案（2020—2022 年）》，初步梳理了未来 3 年实施的第一批 48 个重大项目和工程包，预计总投资约 2700 亿元，包括新建 3.4 万个 5G 基站、10 万个电动汽车充电桩，新增 1.5 万台以上智能配送终端等；广东省对目前在建及正在谋划的新型基础设施项目进行了梳理，初步汇总了 700 多个项目，总投资超 1 万亿元，预计 2020—2022 年至少完成投资约 6600 亿元。《中共中央关于制定国民经济和社会发展第十四个五年规划和二〇三五年远景目标的建议》指出，要系统布局新型基础设施，加快第五代移动通信网络、工业互联网、大数据中心等建设。这些领域均属于战略性新兴产业的范畴，将带动我国战略性新兴产业开启新一轮增长周期。如图 2-2 所示为新型基础设施主要内容。

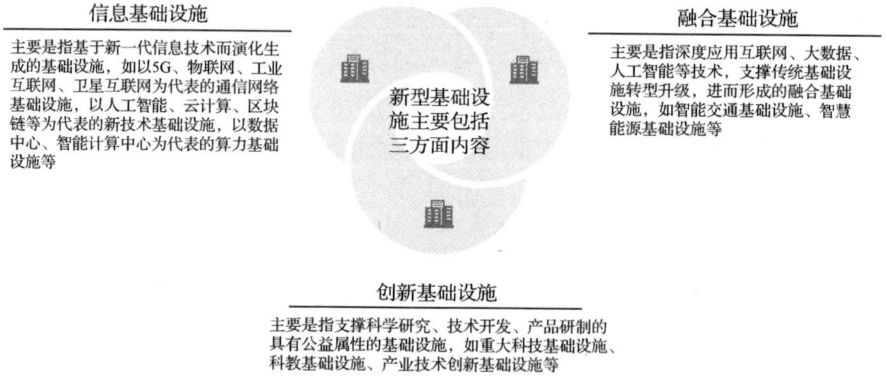

图 2-2　新型基础设施主要内容

数据来源：赛迪智库整理，2021 年 3 月

三、国内国际双循环新格局加快构建，将为我国战略性新兴产业拓展增长新空间

为积极应对内外部环境变化、掌握发展的主动权，党中央作出了“逐步形成以国内大循环为主体、国内国际双循环相互促进的新发展格局，培育新形势下我国参与国际合作和竞争新优势”的决策部署。推动形成国内国际双循环新发展格局，是有效应对全球经济不确定性、重构新型产业链体系的理性选择，是未来一段时期经济发展的首要任务，也是“十四五”时期推进经济高质量发展的关键着力点，将为我国战略性新兴产业拓展更大的发展空间。从国内看，以扩大内需为战略基点畅通国内大循环，着力补短板、疏梗阻，打通国内生产、分配、流通、消费各环节，将促进我国超大规模市场优势和旺盛需求潜力得到充分释放，在需求侧牵引战略性新兴产业进一步发展壮大并带动供给水平提升。从国际看，通过推动更高水平的对外开放、深度融入国际产业循环，将推动国内市场准入进一步放宽、营商环境不断改善、关税水平持续降低，有助于我国战略性新兴产业领域企业更好地利用国内国外两个市场、两种资源，更好地实现“引进来”“走出去”，在国际竞争与合作中培育新优势，进而巩固和提升我国在全球产业链中的地位，推动产业链走向中高端。

第二节　中国战略性新兴产业发展中存在的问题

一、区域间产业同质化竞争严重

我国战略性新兴产业区域同质化布局较为严重，导致资源分散、重复建设等问题突出。如集成电路产业，江苏省沿江分布的 7 个设区市都将其作为发展重点，但目前具备条件的仅有南京、无锡、苏州等少数地区，且主要集中在封测环节，呈现明显的同质化竞争，产能过剩明显。同时，各个区域内部产业联动较弱、产业互补不足、协作水平不高，范围经济和规模经济等集群化效应不明显，尚未形成良好的联动发展态势，限制了整个行业的有序发展和壮大。

二、“双链”失衡问题突出

战略性新兴产业发展以新兴技术为起点，以技术产业化为最终目标。目

前，在发展中出现的“技术链”和“产业链”失衡现象阻碍了我国战略性新兴产业的发展。一方面，技术链和产业链自身存在断裂现象，尤其是技术链中的核心技术和关键共性技术供给不足，自主创新能力不强，缺乏关键性突破。以人工智能产业为例，目前我国集中在应用层面突破，但在基础层、技术层还相对薄弱。另一方面，技术链与产业链相互脱离，科技成果转化率低。如在新能源汽车产业，尽管越来越多的跨国公司包括整车和零配件企业都选择在我国研发或生产，但无一例外都倾向于独资，即使是合资的企业，外方也具有绝对控制权，而且这种控制从关键零部件延伸到了一些非核心零部件领域，并未对我国产业技术突破带来积极影响。

三、产业生态环境尚待深化

战略性新兴产业发展面临的生态环境有待改善。一是高水平、跨行业复合型人才稀缺。我国目前人才结构严重失衡，高端创新型人才不足已经成为战略性新兴产业发展的瓶颈。相关数据显示，未来 3 年至 5 年，我国需要 180 万名大数据产业人才，但截至 2020 年年底，从业人员只有约 30 万人。二是融资难问题突出。战略性新兴产业具有发展周期长、风险性高、技术性强等特点，需要大量的资金投入作为支撑。目前多元化、多层次的投融资机制尚不健全，特别是民营企业和中小企业融资难、融资贵问题未能有效解决。三是产业发展的制度和体制障碍需要进一步理顺。目前，我国缺乏有效推动各创新主体开展协同创新的引导和激励机制，鼓励创新、包容失败的创新氛围尚未形成。产业标准体系和市场准入制度缺失或落后，如在三网融合领域，制约智能电视、手机电视、数字电视等发展的并非技术、产品等硬性因素，而是行业标准的相对滞后，一些生产厂商虽已具备生产能力，但只能抱着观望态度等待标准的推出。

四、产业安全形势日趋严峻

随着战略性新兴产业的迅速发展，智能化技术在驱动产业升级的同时，也给产业安全带来了挑战。一方面，信息安全和隐私安全问题突出。近年来，信息泄露、网络安全威胁事件频发，如 2020 年 4 月，ZOOM 云存储空间中 15000 个视频被任意观看，超 50 万个 ZOOM 账户被泄露并在暗网出售，给用户隐私带来严重影响。另一方面，部分涉及国家安全的产业环节被发达国家掌握。以卫星定位产业为例，涉及国家核心经济和安全的民航、交通、电信、金融、电力等领域都会依赖卫星定位系统，但卫星定位关键芯片 95%被美国控制，国内大部分企业尚不具备研发生产能力。

第三节 中国战略性新兴产业发展的若干建议

一、强化科技创新支撑作用

加大国家战略科技力量对战略性新兴产业的支撑作用，开展基础性、前沿性和战略性的跨学科研究，持续跟踪颠覆性技术发展，提升战略性新兴产业在中长期发展阶段的科技储备和战略布局。强化企业创新主体地位，健全以企业为主体、市场为导向、产学研相结合的技术创新体系，促进各类创新要素向企业集聚，引导企业向应用基础研究等创新链前端延伸，催生更多的自主创新、颠覆性创新成果。围绕重点领域继续布局建设一批制造业创新中心，强化产业链协同创新，完善共性基础技术供给体系。应用虚拟现实、大数据、人工智能等技术，建立产品虚拟仿真和测试验证平台，提升计量测试、性能评价与检测认证能力。

二、加强应用场景建设

坚持以市场需求为导向，以应用示范为牵引，依托强大的国内市场，推动新能源汽车、高端装备等战略性新兴产业生产—分配—流通—消费全链条实现健康运转，畅通战略性新兴产业的国内大循环。通过扩大应用普及规模，加快技术积累和布局，推动产品迭代升级，提升技术和产品与市场需求的适配性，以更好的供给质量和效率满足不断升级的国内需求，实现科技和产业、上游和下游、供给与需求的有效衔接，把超大规模市场优势转化为产业优势。加快完善 5G 基站、充电桩、数据中心等基础设施建设，为战略性新兴产业的应用普及提供现实基础支撑和保障。

三、深化区域协同载体作用

根据各地产业发展现状和基础条件，因地制宜发展新一代信息技术、生物医药、高端装备等战略性新兴产业，围绕重点产业，吸引关键要素更加集聚，健全上下游联动发展的产业链，建设有国际竞争力的先进制造业产业集群，保障战略性新兴产业产业链、供应链的安全稳定。更加突出市场主导和市场选择作用，加快清退“僵尸企业”和“烂尾工程”，解决各地针对集成电路、人工智能等热点行业领域“一哄而上”，低端同质化发展等问题。

四、优化产业生态保障作用

加强在战略性新兴产业领域的扩大开放和国际合作交流，加强知识产权保护力度，放宽外资市场准入，营造国际化、法治化、公开化营商环境，促进要素有序自由流动。加快建立适应战略性新兴产业发展需要的人才培养机制，编制行业紧缺人才目录，引导高等院校、科研院所、企业加大国际化人才引进和培养力度。鼓励信息通信、装备制造、新能源、新材料等领域企业跨界协同，围绕多元化生产与多样化应用需求，通过开放合作和利益共享，打造涵盖解决方案、研发生产、使用保障、运营服务等产业链关键环节的生态主导型企业，构建产业发展生态。

产　业　篇

第三章

新一代信息技术产业

第一节　国内外新一代信息技术产业发展动态

一、整体概况

（一）从产业升级方向看，传统互联网产业、传统电子信息制造业发展进入平台期，新技术、新业态、新模式将带动产业发展新增长

2020 年，新冠肺炎疫情给全球经济带来了冲击，美国、日本、中国等主要经济体的经济增长出现了分化。在全球金融市场动荡、各国经济封锁政策的影响下，全球互联网服务行业、电子信息制造产业等传统电子信息产业的发展遇到了瓶颈。2020 年，全球电信服务收入约 1.565 万亿美元（约合 10.189 万亿元），同比下降 1.1%，电子信息制造业增加值同比增长 7.7%，增速同比回落 1.6 个百分点。2020 年，我国电子信息制造业产品出厂价格同比下降 1.5%。受疫情影响，电子信息产业无论是在发展规模上，还是在盈利水平上都出现增速缓慢的态势，但从科技发展和社会需要来看，5G 技术、人工智能的应用以及大数据技术的开发等新一代信息技术恰好如日方升，正值产业高速发展的大好时机。

（二）从全球竞争格局看，多国角力新一代信息技术的市场竞争更加白热化

新一代信息技术的不断更新迭代，不仅影响着每个国家的国民经济，还影响着每个国家在全球一体化下的国际地位。伴随新一轮科技革命和产业变革的深入发展，以互联网 5G 技术、大数据技术、人工智能技术等为代表的

数字技术不断革新，以 5G 为代表的数字经济成为大势所趋。日本将 5G 技术作为国家未来战略发展的重要科技产业，2020 年受疫情影响后，日本已经将 5G 技术定义为“构成经济社会与国民生活根基的通信基础设施”。韩国也计划投资 76 万亿韩元（约合 0.992 万亿元）在本土建设大数据、5G、人工智能等数字产业基础设施。综上所述，各国经济数字化转型和新一代信息技术发展的步伐显著加快，数字经济将成为推动“后疫情时代”世界经济复苏和新旧动能转换的关键动力。

（三）从中国国内看，新一代信息技术的发展与传统制造业的融合不断加深，为未来制造业产业升级奠定了良好基础

2020 年，中国经济成为领跑全球经济的突出亮点。党中央、国务院采取了严格的疫情防控措施，实现了率先复工复产、率先实现经济正增长。良好的政策和社会环境为我国新一代信息技术的发展创造了有利条件，新一代信息技术推动我国制造业进入快速发展期。2020 年 9 月 5 日，在中国国际服务贸易交易会首场论坛——“数字贸易发展趋势和前沿高峰论坛”上，工业和信息化部部长肖亚庆表示，2019 年，我国数字经济增加值规模已达到 35.8 万亿元，占 GDP 比重达到 36.2%。随着我国对智能制造试点示范项目、智能制造综合标准化项目的大力扶持，我国已经拥有 537 个智能制造产业园区，包括 111 个大数据产业园、39 个人工智能产业园和 29 个云计算产业园。中央经济工作会议强调加快 5G 商用的步伐，2020 年，我国累计开通的 5G 基站达到 70 万个，已经有 1.6 亿个终端连接了 5G 网络，拥有 5G 手机的用户超过 1 亿人。在党中央、国务院的科学领导下以及良好合规的经济生态环境下，我国的新一代信息技术的发展必定会带动全国的技术变革和产业升级，让我国在全球产业的竞争下取得领先优势。

（四）从重点领域看，量子科技等颠覆性技术有望取得更大进展

量子科技是新一代高新技术，具备颠覆行业规则、改变市场格局的潜能。美国、日本采取多项国家政策发展量子科技。美国在《美国量子网络战略构想》中提出将开辟量子互联网，德国将在未来启动大型量子通信研究项目，英国在量子技术商业开发领域总投资超过 1.5 亿英镑（约合人民币 13.56 亿元）。2020 年 10 月，在中共中央政治局就量子科技研究和应用前景举行的第二十四次集体学习会议上提到，要充分认识推动量子科技发展的重要性和紧

迫性，加强量子科技发展战略谋划和系统布局，把握大趋势，下好先手棋。同年，在中科院的领导下，量子通信与量子计算等研究取得了飞跃性的突破，在国际上首次实现了基于纠缠的千公里级量子的密钥分发，成为量子通信向现实应用转化的重要突破。

二、存在问题

（一）新一代信息技术产业与实体经济高效融合有待进一步提升

5G 技术、人工智能技术、物联网技术、量子科学技术等新兴科技的基础性建设工作是与其实体产业结合的必要条件，是制造业数字信息化、网络化、智能化的基础。时至今日，通信的基础设施与实体经济的统合存在一定差距，未能形成产业化规模。2020 年 Speedtest 全球网速测评的数据显示，中国固定带宽网速在 176 个经济体中排名第 27 位。因此，我国在实现数据平台基础建设性工作的搭建以及提升网络传输速度等方面拥有很大的潜力。

（二）信息技术核心领域仍存在瓶颈问题，产业发展任重道远

在新一代信息技术产业的发展过程中，虽然我国的通信业务和智能手机终端系统领域已处于前列，但是集成电路、软件操作系统、云计算等关键领域依旧落后于世界发达国家。据中国半导体行业协会统计，2020 年，中国集成电路进口总金额达到 3500 亿美元（约合 22628 亿元），进口额排第一位，芯片产业的短板依旧明显。软件操作系统、云计算等领域的力量也相对薄弱。在人工智能领域，尤其是人工智能的核心技术工具方面，基本由美国掌握。因此，核心技术受制于人影响我国新一代信息技术产业发展，实现真正的更新换代和技术突破还任重道远。

（三）知识产权水平对新一代信息技术产业的支撑仍需提升

知识产权制度是科技创新、产业转型升级和扩大对外开放的重要保障。针对 5G、人工智能、大数据等新一代信息技术的科技突破，通过完善的知识产权体系来维护技术、专利正常运营的重要性更为显著。虽然我国创新主体的知识产权保护意识有所提升，但我国知识产权管理体系仍有待完善。国家知识产权局发布的 2020 年主要数据显示，虽然我国发明专利的数量列全球首位，但总体量不高，2020 年，我国专利申请总量为 68720 万件，国家发

明专利授权 53 万件，国内发明专利有效量达到 221.3 万件，仅占专利申请数的 0.32%。

三、政策动态

我国高度重视新一代信息技术产业发展。2020 年 10 月，党的十九届五中全会审议通过的《中共中央关于制定国民经济和社会发展第十四个五年规划和二〇三五年远景目标的建议》中明确指出要加快壮大新一代信息技术的发展，推动人工智能、大数据等技术与产业的融合，推动数字中国的建设和新型智慧城市的高质量发展。2020 年，我国政府陆续出台了一系列政策来保障国产芯片技术的突破和产业的发展，如《关于促进集成电路产业和软件产业高质量发展企业所得税政策的公告》等政策，旨在通过降低高科技企业的税负压力，从资金层面为科研提供保障，同时通过发挥国家基金的作用，加大对芯片的研发投入。在政策的引导下，我国在上海、武汉、西安等多个城市形成了芯片企业的聚集发展基地和研发基地。

第二节 中国新一代信息技术产业重点领域分析

一、5G

（一）发展概况

2019 年，工业和信息化部向中国电信、中国移动、中国联通、中国广电四家单位颁发了 5G 商用牌照。美国、德国、英国、韩国等 20 个国家也陆续推出了 5G 服务，并投入大量的资金支持。其中，5G 的标准、测试、实际部署都逐渐被完善。自 2020 年开始，我国正式进入了 5G 的商用周期。2020 年，我国累计开通 5G 基站达 70 万个，占据全球基站总数的一半以上，大约 1.6 亿个移动终端连接到了 5G 网络。在网络大范围覆盖的基础上，我国的 5G 产业也会更加成熟，在世界范围内遥遥领先，最终行稳致远。

（二）技术进展

5G 技术加快发展，截至 2020 年年底，我国几乎在售的 90%以上的手机支持 5G 功能，而 5nm5GSoC 标志着 5G 手机开始真正步入成熟，除了能为手机提供出色的性能外，还能够解决因为 5G 速率提升而带来的消耗快的问题。华为发布了全球首款3GPP标准的5G商用基带芯片巴龙5G01，与5G组网、芯片相比，5G手机的发展更为超前。6G等下一代信息通信领域相关技术已经进入部署谋划阶段，美国联邦通信委员会（FCC）开放95GHz～3THz"太赫兹"频段，用于6G技术的实验研究。我国已经开始投入研发6G技术。

二、区块链

（一）发展概况

区块链是一个分布式的共享账本和数据库。区块链的应用已经不仅局限于虚拟货币领域，还延伸到了物联网、供应链等诸多领域，为产业带来了新的机遇。在将区块链技术作为具有国家战略意义的新兴产业的背景下，2020年，我国的区块链产业链条更加完善，区块链产业规模也实现了稳步增长，区块链产业链上游、中游、下游三层更加完善，区块链企业主要聚集在广东、江苏、浙江、山东等地，各企业也在不断推进区块链与云计算、物联网、人工智能、5G等技术融合[①]。

（二）技术进展

区块链的核心技术主要有分布式账本、共识机制、智能合约和密码学。华为区块链采用一种高效的共识算法，有效改进了PBFT算法的上述缺陷。通过改进共识流程，保障了节点故障和切主期间区块链系统对外服务的稳定性。同时通过减少不必要的签名验证、简化共识流程，有效提升了共识效率和扩展性。在安全隐私保护方面，华为为国密算法、同态加密用户交易隐私保护、通信端到端安全等领域提供了更有效的保障。而Facebook将原本拟推出的超主权数字货币Libra更名为Diem，以强调其更为简单的结构，从技术角度来看，Libra仍然在不断升级，结算速度已实现每秒8万次，功能和性能方面处于世界领先水平。2020年，我国区块链核心技术创新取得新高，涉及领域主要有区块链跨链、区块链隐私保护、区块链数据安全等，区块链专利数量达到5402项。

---

① 中国区块链生态联盟：《2020年中国区块链发展现状与展望（上半年）》，2020年。

三、大数据

（一）发展概况

全球的信息数据快速增长，数据已经不仅仅是一种工具，更是一种资源。到 2020 年年底，全球数据产生量将达到 50.5 个字节，同比增长 23%，从产业的角度来看，我国的大数据产业化进程正在加速推进，其产业应用也在与传统行业相结合，其中包括医疗行业、交通行业、旅游行业等产业的信息化建设和发展。同时，全国各省根据自己的特点与大数据相结合，因地制宜，因势利导。比如，北京将扩建战略性的云服务平台，扩大大数据技术与交通、医疗、教育、文化等行业的结合；陕西则发展西安的旅游大数据、工业云等。在未来的发展趋势中，大数据产业会进一步呈现爆发态势，并在金融、饮食、电商等各类细分领域中有所发展和突破，提升社会运转和经济生活的效率。

（二）技术进展

大数据概念的提出由来已久，经过多年的发展，我国大数据技术已经属于“全球第一”的状态，我国独有的大数据的大体量应用场景和多类型实践模式具有国际领先优势。在应用规模方面，我国已经完成大数据领域的最大集群公开能力测试，达到了万台节点。在大数据知识产权方面，我国较世界而言也处于前几名的位置。2020 年，我国在大数据技术的存算分离、数据仓库服务化、数据管理自动化智能化、图分析和隐私计算加快发展，更好地促成了我国大数据技术的完善，并向世界尖端的科技领域发展。目前，我国大数据领域专利公开量位居世界第二位。

四、人工智能

（一）发展概况

我国的人工智能产业在全球处于领先水平，其中北京、上海、深圳、杭州等地的人工智能产业在全国领跑。中国新一代人工智能发展战略研究院于 2020 年发布的《中国新一代人工智能科技产业发展报告 2020》显示，我国人工智能企业共 797 家，占全球总数近 15%，列全球第二位。在 2020 年，我国人工智能的企业注册量同比增长了 323.6%，从地区分布来看，广东以 4.4 万家企业高居第一名，江苏、浙江分列第二名和第三名。为贯彻落实《国务院关于印发新一代人工智能发展规划的通知》，中央各部委、地方政府出台了一系列的配套政策。2020年上半年，科技部等5部委印发《加强“从0到1”基础研究工作方案》。2020年10月，上海市人民政府修订了《中国（上海）自由贸易试验区临港新片区集聚发展人工智能产业若干政策》并发布，济南市政府也出台了《济南国家新一代人工智能创新发展试验区建设方案》。出台这些相应的政策都是为了大力扶植人工智能产业发展并落地。

（二）技术进展

2020年，OpenAI发布了迄今为止全球规模最大的预训练语言模型GPT-3。GPT-3具有1750亿个参数，训练所用的数据量达到45TB（万亿字节），训练费用超过1200万美元（约合7758万元），这一技术的升级与突破预示着在很多任务的完成上，人工智能已经接近了人类水平。Google旗下DeepMind公司的AlphaFold2人工智能系统的准确性可以与冷冻电子显微镜、核磁共振以及X射线等实验方法相媲美，这意味着人们已经把蛋白质结构预测任务做到了基本接近实用的水平。同年，清华大学首次提出类脑计算完备性概念及计算系统层次结构，通过理论论证与原型实验证明该类系统的硬件完备性与编译可行性，扩展了类脑计算系统应用范围使之能支持通用计算。美国麻省理工学院的科研团队仅用19个类脑神经元就实现了控制自动驾驶汽车的技术。在AI算法的支持下，天气预报、天文学系统、解析蛋白质和量子化学等领域都攻克了之前技术无法攻克的难题，打破了技术层面所带来的壁垒。

第三节　中国新一代信息技术产业年度热点事件

一、我国率先建成大规模商用5G SA网络

2020年是5G商用后进行大规模网络建设的第一年，工业和信息化部新闻发布会上信息显示，2020年全年新建5G基站超过60万个。我国5G的终端连接数超过2亿个，成为全球第一个大规模商用5G SA网络的国家。2020年我国的5G信号已经基本覆盖了全国所有的地级市。

二、中国量子计算机“九章”研发问世

2020年12月，中国科学技术大学成功构建了76个光子的量子计算原型

机“九章”。“九章”求解数学算法高斯玻色取样只需 200 秒。这一量子技术上的重大突破让我国成为全世界第二个实现了量子优越性的国家。“九章”计算机的取样和运算速度比美国推出的“悬铃木”计算机还要快。

三、中国科学院发布“智能物联时代的 C 语言——木兰”

2020 年 1 月，中国科学院计算技术研究所发布国产编程语言“木兰”（Module Unit Language，Mulan），也就是“模块单元语言”。“木兰”是一门定位于面向智能物联应用、采用最新编程语言设计理念和编译技术的程序设计语言，是由中科院编译实验室完全自主设计、自主开发和实现的编程语言系统。

四、北斗与 5G 的融合激发精准定位技术

2020 年，北斗与 5G 技术的结合成为最重要的基础建设和技术准入门槛。北斗和 5G 的结合可以催发出新的产业与行业，从而带动社会新的经济增长点，并在自动驾驶、无人机等方面带来技术上的升级和变化。

第四节 中国新一代信息技术产业重点企业分析

一、2020 年中国电子信息百强企业

2020 年 9 月，中国电子信息行业联合会发布了 2020 年中国电子信息竞争力百强企业榜单（见表 3-1）。其中，华为技术有限公司连续十三年蝉联榜首，而联想集团有限公司和海尔集团公司继续跟随其后，第二名和第三名的位置也未曾动摇，小米集团也稳定在了前五名的位置上。TCL 集团提升较快，从 2019 年的第 10 名上升至第 5 名。

表 3-1 2020 年中国电子信息竞争力百强企业榜单

排名	企 业 名 称	排名	企 业 名 称
1	华为技术有限公司	7	比亚迪股份有限公司
2	联想集团有限公司	8	海信集团有限公司
3	海尔集团公司	9	京东方科技集团股份有限公司
4	小米集团	10	天能控股集团有限公司
5	TCL 集团	11	中国普天信息产业集团有限公司
6	四川长虹电子控股集团有限公司	12	浪潮集团股份有限公司

续表

排名	企 业 名 称	排名	企 业 名 称
13	中兴通讯股份有限公司	44	同方股份有限公司
14	超威集团有限公司	45	新华三信息技术有限公司
15	亨通集团有限公司	46	浙江富春江通信集团有限公司
16	紫光集团有限公司	47	闻泰通讯股份有限公司
17	杭州海康威视数字技术股份有限公司	48	苏州东山精密制造股份有限责任公司
18	宁波均胜电子股份有限公司	49	江苏长电科技股份有限公司
19	中天科技集团有限公司	50	晶澳太阳能科技股份有限公司
20	中国信息通信科技集团有限公司	51	万马联合控股集团有限公司
21	欧菲光集团股份有限公司	52	合力泰科技股份有限公司
22	康佳集团股份有限公司	53	上海诺基亚贝尔股份有限公司
23	河南森源集团有限公司	54	许继集团有限公司
24	通鼎集团有限公司	55	深圳市大疆创新科技有限公司
25	中芯国际集成电路制造有限公司	56	株洲中车时代电气股份有限公司
26	舜宇集团有限公司	57	广州视源电子科技股份有限公司
27	南瑞集团有限公司	58	广州无线电集团有限公司
28	福建省电子信息集团有限责任公司	59	天津中环半导体股份有限公司
29	富通集团有限公司	60	陕西电子信息集团有限公司
30	歌尔股份有限公司	61	湖北凯乐科技股份有限公司
31	航天信息股份有限公司	62	上海星地通通信科技有限公司
32	浙江大华技术股份有限公司	63	立讯电子科技（昆山）有限公司
33	上海仪电集团有限公司	64	上海华虹集团有限公司
34	华勤通讯技术有限公司	65	浙江晶科能源有限公司
35	创维集团有限公司	66	广东生益科技股份有限公司
36	晶科能源有限公司	67	深圳市兆驰股份有限公司
37	天马微电子股份有限公司	68	阳光电源股份有限公司
38	永晶集团有限公司	69	深圳长城开发科技股份有限公司
39	联合汽车电子有限公司	70	昆山联滔电子有限公司
40	欣旺达电子股份有限公司	71	惠科股份有限公司
41	深圳华强集团有限公司	72	深圳市泰衡诺科技有限公司
42	四川九洲电器集团有限责任公司	73	铜陵精达特种电磁线股份有限公司
43	广东德赛集团有限公司	74	东方日升新能源股份有限公司

续表

排名	企 业 名 称	排名	企 业 名 称
75	普联技术有限公司	88	天水华天电子集团股份有限公司
76	宁波方太厨具有限公司	89	曙光信息产业股份有限公司
77	通光集团有限公司	90	深圳市思贝克集团有限公司
78	公牛集团股份有限公司	91	中国四联仪器仪表集团有限公司
79	深南电路股份有限公司	92	利亚德光电股份有限公司
80	北京智芯微电子科技有限公司	93	中电太极（集团）有限公司
81	华域视觉科技（上海）有限公司	94	骆驼集团股份有限公司
82	安徽天康（集团）股份有限公司	95	浙江南都电源动力股份有限公司
83	深圳传音制造有限公司	96	深圳市长盈精密技术股份有限公司
84	深圳市三诺投资控股有限公司	97	深圳市共进电子股份有限公司
85	上海龙旗科技股份有限公司	98	中国华录集团有限公司
86	风帆有限责任公司	99	中国乐凯集团有限公司
87	中航光电科技股份有限公司	100	长飞光纤光缆股份有限公司

数据来源：中国电子信息行业联合会，赛迪智库整理，2021 年 4 月。

二、2020 年中国软件和信息技术服务综合竞争力百强企业

中国电子信息行业联合会发布 2020 年中国软件和信息技术服务竞争力百强榜单（见表 3-2）。华为技术有限公司、腾讯科技（深圳）有限公司、阿里巴巴（中国）有限公司分别列前三名，百度排第四名。在百强企业中，软件业务收入规模超过 100 亿元的企业有 21 家，超过 50 亿元的有 50 家，入围企业软件业务收入门槛超过 15 亿元。

表 3-2　2020 年中国软件和信息技术服务综合竞争力百强企业榜单

排名	企 业 名 称	排名	企 业 名 称
1	华为技术有限公司	8	中兴通讯股份有限公司
2	腾讯科技（深圳）有限公司	9	浪潮集团有限公司
3	阿里巴巴（中国）有限公司	10	海信集团有限公司
4	北京百度网讯科技有限公司	11	杭州海康威视数字技术股份有限公司
5	中国通信服务股份有限公司	12	网易（杭州）网络有限公司
6	海尔集团公司	13	中软国际有限公司
7	京东集团	14	北京小米移动软件有限公司

续表

排名	企 业 名 称	排名	企 业 名 称
15	国网信息通信产业集团有限公司	45	佳都集团有限公司
16	航天信息股份有限公司	46	北京全路通信信号研究设计院集团有限公司
17	南瑞集团有限公司	47	和利时科技集团有限公司
18	中国信息通信科技集团有限公司	48	深信服科技股份有限公司
19	软通动力信息技术（集团）有限公司同方股份有限公司	49	广州广电运通金融电子股份有限公司
20	东软集团股份有限公司	50	深圳天源迪科信息技术股份有限公司
21	联通系统集成有限公司	51	中控科技集团有限公司
22	宁波均胜电子股份有限公司	52	四川九洲电气集团有限公司
23	东华软件股份公司	53	北明软件有限公司
24	同方股份有限公司	54	北京环宇软件股份有限公司
25	亚信科技（中国）有限公司	55	湖南快乐阳光互动娱乐传媒有限公司
26	烽火通信科技股份有限公司	56	完美世界股份有限公司
27	中国民航信息网络股份有限公司	57	恒生电子股份有限公司
28	新华三技术有限公司	58	国电南京自动化股份有限公司
29	浙江大华技术股份有限公司	59	北京金山云网络技术有限公司
30	广州酷狗计算机科技有限公司	60	北京易华录信息技术股份有限公司
31	深圳市大疆创新科技有限公司	61	北京搜狗科技发展有限公司
32	用友网络科技有限公司	62	北京昆仑万维科技股份有限公司
33	平安科技（深圳）有限公司	63	博彦科技股份有限公司
34	文思海辉技术有限公司	64	卡斯柯信号有限公司
35	深圳市思贝克集团有限公司	65	广联达科技股份有限公司
36	成都积微物联集团股份有限公司	66	北京猎豹移动科技有限公司
37	中国软件与技术服务有限公司	67	金蝶软件（中国）有限公司
38	福建网龙计算机网络信息技术有限公司	68	云南南天电子信息产业股份有限公司
39	新大陆科技集团有限公司	69	石化盈科信息技术有限公司
40	太极计算机股份有限公司	70	瓜子汽车服务（天津）有限公司
41	中科软科技股份有限公司	71	启明星辰信息技术集团股份有限公司
42	神州数码信息服务股份有限公司	72	北京久其软件股份有限公司
43	马上消费金融股份有限公司	73	广州海格通信集团股份有限公司
44	北京车之家信息技术有限公司	74	江苏润和科技投资集团有限公司

续表

排名	企 业 名 称	排名	企 业 名 称
75	讯飞智元信息科技有限公司	88	厦门市信息集团有限公司
76	浙大网新科技股份有限公司	89	厦门吉比特网络技术有限公司
77	讯中车青岛四方车车辆研究所有限公司	90	福州达华智能科技股份有限公司
78	安克创新科技股份有限公司	91	北京智明星通科技股份有限公司
79	信雅达系统工程股份有限公司	92	银江股份有限公司
80	大连华信计算机技术股份有限公司	93	浙江宇视科技有限公司
81	北京天融信科技有限公司	94	北京四方继保自动化股份有限公司
82	北京旋极信息技术股份有限公司	95	深圳中琛源科技股份有限公司
83	北京四维图新科技股份有限公司	96	领航动力信息系统有限公司
84	华云数据控股集团有限公司	97	厦门亿联网络技术股份有限公司
85	朗新科技集团股份有限公司	98	武汉天喻信息产业股份有限公司
86	中创软件工程股份有限公司	99	京北方信息技术股份有限公司
87	中移系统集成有限公司	100	武汉佰钧成技术有限责任公司

数据来源：中国电子信息行业联合会，赛迪智库整理，2020 年 4 月。

三、2020 年中国工业互联网平台活力榜

2020 年 10 月，中国软件评测中心工业互联网应用创新中心发布了《2020 工业互联网平台创业创新指数及工业互联网活力指数暨平台活力榜》（见表 3-3）。其中，蓝卓 supOS、华为 FusionPlant、阿里云 supET 在内的 10 家工业互联网平台成功入选，表明我国的工业互联网平台在平台供给、企业服务、开发者调动和品牌宣传等能力方面均有进步。

表 3-3　2020 年中国工业互联网平台活力榜

排名	企 业 名 称	排名	企 业 名 称
1	浪潮云 In-Cloud	6	东方国信 Cloudiip
2	树根互联根云	7	航天云网 INDICS
3	华为 FusionPlant	8	阿里云 supET
4	海尔 COSMOPlat	9	紫光 UNI power
5	用友精智	10	蓝卓 supOS

数据来源：赛迪智库整理，2020 年 4 月。

第四章

高端装备制造产业

第一节　国内外高端装备制造产业发展动态

一、整体概况

（一）高端装备制造成为全球制造业竞争的主阵地

随着国际产业转移进一步加快，全球装备制造的分工和格局发生了巨大转变。近年来，全行业整体发展速度明显高于全球 GDP 实际增速，展现了非常高的活跃度、产业关联度、技术密集度和要素资源聚集能力，为全球研发开发活动、人才培养和培训、资本要素的富集和流动开拓了巨大的空间。先发国家在实施“再工业化”战略、重振制造业的同时，纷纷把高端装备制造作为制造业竞争的主阵地，面向制造业的新一轮国际分工争夺战已经拉开帷幕。发达国家的制造业发展战略都瞄准了高端装备进行规划和部署，试图抢占高端装备技术和市场的领先地位，确保在国际产业竞争中的优势地位。日本政府制定了《制造业白皮书》，将机器人相关产业作为发展重点，英国的《英国工业 2050 战略》指出英国要巩固和强化在航空航天领域的优势，韩国制定了《制造业创新 3.0 计划》，将航空航天作为主要支持领域之一，法国的《新工业法国计划》强调要保持在高速列车、电子飞机和卫星等高端装备领域的领先地位。

（二）我国已进入装备制造大国行列

装备制造是我国经济增长的重要支柱产业之一。2020 年，全国机械工业增加值同比增长 6%，超过 2019 年同期水平（5.1%）；累计实现营业收入

23.01 万亿元，同比增长 4.2%；利润总额 1.45 万亿元，同比增长 8.6%。其中，全国规模以上增材制造装备制造企业营业收入为 105.2 亿元，同比增长 14.6%，实现利润总额 9.7 亿元，同比增长 142.5%；全国工业机器人完成产量 237068 台，同比增长 19.1%，全国规模以上工业机器人制造企业营业收入为 531.7 亿元，同比增长 6.0%，实现利润总额 17.7 亿元，同比下降 26.9%。全国造船完工量 3853 万载重吨，同比增长 4.9%，新承接船舶订单量 2893 万载重吨，同比下降 0.5%，12 月月底手持船舶订单量 7111 万载重吨，比 2019 年年底手持船舶订单量下降 12.9%，其中海船为 2502 万修正总吨，出口船舶占总量的 91.7%。

（三）多个省份将高端装备制造纳入“十四五”规划

我国装备制造产业环节多、价值链条长、配套体系齐全、技术创新活跃，是技术突破、系统集成和协同创新的关键领域。根据国家“十四五”规划纲要，我国将加快建设现代产业体系，重点发展先进制造业，推动航空航天、船舶与海洋工程装备、机器人、先进轨道交通装备、先进电力装备、工程机械、高端数控机床、医药及医疗设备等产业创新发展。各省积极落实高端装备领域顶层设计，纷纷出台具体措施。例如，山东围绕高端装备等领域推行“链长制”，精准绘制“1 个图谱”+“*N* 张清单”，找准产业链中的优势、短板和潜力，加强省内省外对接合作，精准招引一批补链延链强链项目，集中打造具备国际竞争力的高端装备制造产业集群。如浙江编制了《高端装备制造业发展“十四五”规划》，以“高技术、高品质、高附加值”为目标发展装备制造，到 2025 年高端装备制造业增加值超 5000 亿元，占规模以上工业的比重不低于 20%。

二、存在问题

（一）重大装备短板领域的国产化应用存在堵点

近年来，我国高端装备制造行业在重大装备、关键核心技术和零部件等短板领域取得了很大进步，在研发制造、自主可控等方面取得了一系列新成就。但是，国产设备在国内外中高端市场存在明显的缺位问题，整体创新能力有待提高，国产设备的可靠性、能耗等指标还落后于进口产品，国内用户单位采购意愿较低，导致高端装备在国产化应用中遭遇困境。应用规模小，产品迭代升级缓慢，非常不利于国内关键核心技术产品和设备等短板领域的持续健康发展。

（二）市场需求不足的问题仍然延续

装备领域市场需求尚未全面恢复。2020 年，全国固定资产投资（不含农户）实现同比增长 2.9%，但设备工器具购置投资下降 7.1%，说明企业明显减少购置机械产品。机械工业重点联系企业累计订货增速于 8 月开始由负转正，但至 10 月仅实现小幅增长，由于 2019 年同期基数较低，需求保持较低水平。从外需看，出口保持增长的产品主要集中在与疫情防控相关的医疗仪器、泵、气体压缩机、气体分离设备、环保设备等，电工电器、机械基础件等传统的出口主力产品尚未出现明显复苏。受此影响，2020 年下半年行业产成品库存明显增长。2020 年 1—10 月规模以上企业产成品库存同比增长 10.64%，重点联系企业产成品库存增速已超过 18%，且增幅在持续扩大。其中内燃机、工程机械和机器人与智能制造行业产成品库存增幅超过 20%，仪器仪表、重型矿山和汽车行业产成品库存增幅超过 10%。

（三）资金周转问题较为严峻

受疫情影响，工业品的生产和市场销售长时间停滞，导致订单损失、产品销售困难，相关企业面临严重的资金周转问题。截至 2020 年年底，装备制造业企业应收账款余额已超过 9.6 万亿元，占全国制造业企业应收账款总额的 60.7%，同比增长 12.3%，增幅同比增长 19.6 个百分点。部分细分行业产销恢复较快，但应收账款的增长更加显著，如机器人与智能制造企业应收账款余额增速超过 30%，基础件和其他民用机械增速超过 20%，工程机械也接近 20%，除文办行业以外的其他 10 个细分行业增速也都超过 10%。应收账款回收慢、回收难是困扰机械行业的重要问题，特别是在经济运行逐步恢复但尚未稳定的情况下，需要高度重视流动性风险在产业链企业之间传导。

三、政策动态

“十三五”时期以来，国务院、工业和信息化部等部门聚焦高端装备制造产业的发展状况，出台了一系列的政策文件，推动装备制造产业现代化、高端化和高质量发展。2020 年，随着工业经济在疫情后迅速复苏，有关部门出台了一批政策文件。例如，财政部、工业和信息化部等 5 部门联合印发《重大技术装备进口税收政策管理办法》，对符合规定条件的企业及核电项目业主为生产国家支持发展的重大技术装备或产品而确有必要进口的部分关键零部件及原材料，免征关税和进口环节增值税，并对国内已能生产的重大技术装备和产品实行进口不予免税；工业和信息化部办公厅印发《环保装备制造业（固废处理装备）规范条件》，通过对环保装备制造业（固废处理装备）企业的规范管理，鼓励行业技术进步和规范发展；工业和信息化部办公厅印发《船舶总装建造智能化标准体系建设指南（2020 版）》，在推进船舶总装建造智能化转型中充分发挥标准的规范和引领作用；工业和信息化部发布《国家工业节能技术装备推荐目录（2020）》《“能效之星”产品目录（2020）》《绿色数据中心先进适用技术产品目录（2020）》，加快推广应用高效节能技术、装备和产品，引导绿色生产和绿色消费；工业和信息化部办公厅等 3 部门印发《安全应急装备应用试点示范工程管理办法（试行）》，对安全生产、防灾减灾、应急救援专用产品示范工程建设和推广予以支持。各地根据自身产业实际，因地制宜出台相关政策措施。例如，河南省人民政府办公厅出台了《关于加快推进农业机械化和农机装备产业高质量发展的意见》，要求加快农机装备转型升级、推进农业机械化全程全面发展、推广绿色先进适用农机装备。2020 年中国高端装备制造领域的部分政策如表 4-1 所列。

表 4-1　2020 年中国高端装备制造领域的部分政策

序号	政 策 名 称	领域	发 布 部 门	发布时间
1	《重大技术装备进口税收政策管理办法》	重大技术装备	财政部、工业和信息化部、海关总署、税务总局、能源局	2020 年 1 月
2	《环保装备制造业（固废处理装备）规范条件》	环保装备	工业和信息化部	2020 年 2 月
3	《重大技术装备进口税收政策管理办法实施细则》	重大技术装备	财政部、工业和信息化部、海关总署、税务总局、国家能源局	2020 年 7 月
4	《船舶总装建造智能化标准体系建设指南（2020 版）》	船舶	工业和信息化部办公厅	2020 年 8 月
5	《国家工业节能技术装备推荐目录（2020）》《“能效之星”产品目录（2020）》《绿色数据中心先进适用技术产品目录（2020）》	节能技术装备	工业和信息化部	2020 年 10 月
6	《安全应急装备应用试点示范工程管理办法（试行）》	安全应急装备	工业和信息化部办公厅、国家发展和改革委员会办公厅、科学技术部办公厅	2020 年 12 月

续表

序号	政 策 名 称	领域	发 布 部 门	发布时间
7	《国家鼓励发展的重大环保技术装备目录（2020年版）》	环保装备	工业和信息化部、科学技术部、生态环境部	2020年12月
8	《关于加快推进农业机械化和农机装备产业高质量发展的意见》	农机装备	河南省人民政府办公厅	2020年7月

数据来源：赛迪智库整理，2021年4月。

第二节　中国高端装备制造产业重点领域分析

一、航空装备

（一）发展概况

我国航空装备产业规模增长迅速。“十三五”时期以来，我国航空装备制造业始终保持两位数高速增长，2020年我国航空装备产业规模约达1000亿元，已经初步建立了从上游研发制造到下游整机集成的较为完整的技术体系和产业体系，产品研发进度加速推进，转包生产订单稳步提升。分领域看，航空器整机市场占比最高达到56%，主要生产固定翼和螺旋翼航空器；航空零部件次之，占比达到29%，主要生产结构件、起落架及蒙皮、紧固件等；航空发动机占比为11%，主要生产发动机附件、关键零部件以及整机，关键领域材料研发制造取得阶段性突破；机载设备占比为4%，机载设备与系统各领域配套能力显著提升，主要生产航电系统和机电系统，航电系统占比最高，达到72.3%。

我国航空装备产业政策支持有力。航空装备产业属于我国战略性新兴产业发展的重要方向，“十三五”时期以来，我国颁发了大量利好政策支持其发展。例如，加快大型飞机研制，适时启动宽体客机研制，鼓励国际合作研制重型直升机；推进干支线飞机、直升机、无人机和通用飞机产业化。国务院办公厅发布的《关于促进通用航空业发展的指导意见》更是提出了到2020年建成500个以上通用机场，通用航空器达5000架以上，年飞行量200万小时以上的明确目标，并提出通用航空产业经济规模超过1万亿元。这些政策极大地促进了我国航空装备产业发展。

我国航空装备产业集聚态势明显。目前，我国航空装备产业基本形成了以长三角地区及陕西为核心，以珠三角、东北地区为两翼，以北京、天津、四川等地研发、制造为支撑的集聚发展态势。目前，我国约有 90 个航空产业园，其中华东地区有 30 个，占比最高；华北地区有 18 个，西北地区有 14 个。从省份分布看，陕西、山东、江苏、安徽航空产业园布局较为集中，分别拥有 11 个、9 个、8 个、8 个航空产业园。

（二）技术进展

我国具备了水陆两栖救援飞机制造能力。我国自主研制的大型灭火和水上救援水陆两栖飞机“鲲龙”AG600，于 2020 年 7 月 26 日成功实现海上首飞，为下一步飞机进行海上科研试飞及飞机相关性能验证奠定了基础。“鲲龙”AG600 的成功试飞，满足了我国森林灭火和水上救援的迫切需要，完善了我国的应急救援体系。

由气动院自主研发的“国之重器”FL-62 设备完成了测试，为中国新一代战机研发创造了条件。FL-62 风洞是我国第一座大型连续式跨风速风洞，实现了大尺寸风洞从暂冲式到连续式的重大技术跨越，为我国完成第六代战机的外形设计提供了坚实保障。

二、卫星及应用

（一）发展概况

卫星及应用行业实力突出。在卫星制造和发射领域，我国竞争力强，实现了整星出口和发射一体化布局。分领域看，我国卫星制造主力主要集中在中国空间技术研究院、上海航天技术研究院、中国卫星等几家国有企业及机构；卫星发射任务主要由中国运载火箭技术研究院承担，航天电子提供卫星发射的控制系统、利用系统、逃逸系统和遥测系统等配套设备，航天动力提供液体火箭发动机等配套设备；卫星地面设备公司主要包括中国航天科技、中国卫星、北斗星通、国腾电子、华力创通、南方测绘等。

产业集中度相对较低。我国卫星及应用行业主要集中在北京、广东、上海、江苏、四川、湖北等地。北京依托航天科技、中国卫星、银河航天等企业，布局了相对完善的卫星产业链，是卫星及应用行业代表性企业最多的地区。上海依托卫星发射领域的航天电子，广东依托卫星制造领域的欧比特，四川依托卫星发射领域的天奥电子、振芯科技，重庆依托卫星发射领域的零壹空间，湖北依托卫星发射领域的航天时代等重点企业，形成了各具特点的产业集聚。但各省份产业规模有限，龙头企业行业带动力不足，尚未形成产业集聚发展态势。

（二）技术进展

北斗国际标准取得重要进展。海上导航与无线电通信设备及系统技术委员会通过了首个北斗接收设备检测标准《海上导航与无线电通信设备及系统——全球导航卫星系统（GNSS）第5部分：北斗卫星导航系统（BDS）接收设备性能要求、测试方法与要求的测试结果》（IEC61108-5），代表我国北斗可以应用于国际航海，可为全球卫星导航海用产品制造商设计、生产和测试提供依据，可为其他非专业应用卫星导航接收设备设计和测试提供参考。

我国卫星物联网星座实现星间激光通信零突破。“行云二号”01星、02星之间实现了建链流程完整、遥测状态稳定的双向通信，意味着“行云二号”卫星搭载的激光通信载荷技术得到成功验证，我国卫星物联网星座实现星间激光通信零的突破。目前，星间激光链路技术已成为全球卫星通信系统发展的关键技术，打通了卫星物联网星座间信息传输的瓶颈。

三、轨道交通装备

（一）发展概况

国际市场占有率高。到2020年，我国轨道交通装备行业市场规模已超过1.1万亿元，市场增速超过10%。我国已经形成了集研发、设计、制造、试验和服务于一体的轨道交通装备制造体系。我国高铁出口优势巨大，轨道交通装备制造商纷纷出海。以中国中车为例，2020年中车出口加快，由亚非拉传统市场向欧美澳高端市场转变，斩获了新西兰、土耳其、俄罗斯、印度、韩国、智利、阿联酋等国家和地区的新订单，出口覆盖范围不断扩大。集聚发展态势明显。从产能分布看，山东、四川、湖南、江苏四省的轨道交通产业规模最大，均已突破千亿元规模，处于国内第一梯队。广东、浙江、河南、吉林已形成产业链较为完善的产业集群，产业规模超过500亿元，处于国内第二梯队。重庆、陕西、湖北、安徽等省市均已加速轨道交通产业布局，处于国内第三梯队，产业规模接近200亿元，存在较大发展空间。从细分领域分布看，青岛、长春、株洲、唐山、沈阳、大连等城市在轨道交通装备领域处于国内领先水平；北京、上海、广州、深圳等城市在轨道交通运营及维保服务领域处于国内领先地位；成都、株洲、常州、南京、江门等城市在轨道交通零部件配套领域领先全国；重庆、西安、合肥、洛阳等新一线及二线城市已出台轨道交通装备产业规划，有望成为产业新的增长点。

行业产业集中度较高。中国中车作为我国轨道交通装备制造行业的龙头企业，在高铁列车、地铁等轨道交通车辆制造领域的市场占有率处于国内绝对领先地位，国内市场占有率达 90%左右，并依托中车四方、中车株机等全资公司车辆研发、制造工艺等方面优势，形成了较高的技术壁垒。在国家政策大力鼓励发展轨道交通产业的背景下，大多数地区纷纷选择以车辆内饰、站台设备、零部件、后市场服务等作为培育发展轨道交通产业的切入点，积极打造轨道交通配套产业集群。

（二）技术进展

我国轨道交通装备智能化水平大幅提升。2020 年 12 月，时速 160 千米的智能市域动车组完成静态调试，最高试验速度突破 141km/h，车辆状态良好。时速 160 千米的智能市域动车组是专门针对城区与远郊区轨道交通研制的双流制、大运量、通勤化、高舒适性运营的标准化市域快轨车辆，设有车载故障预测与健康管理（PHM）系统，符合轨道交通发展全面进入智能化时代的要求。该产品的投产应用大大提高了市域车辆智能化、网络集成化水平，促进市域快轨装备的迅速发展。

我国轨道交通混合储能供电装置技术成功应用。2020 年 10 月，广州黄埔有轨电车 1 号线组织首辆列车调试累计行驶突破 1000 千米，线路及设备状态稳定，标志着国内首条采用“超级电容+钛酸锂电池”有轨电车工程调试取得成功。这条线路在全国首次采用“超级电容+钛酸锂电池”混合储能供电装置技术，线路系统超级电容单体容量达 9500 法拉，为目前国内技术最成熟、性能最可靠的超级电容。车辆采用“超级电容+钛酸锂电池”作为储能装置牵引供电，区间无接触网，极大地减少了城市空中“蜘蛛网”。车辆制动时将 80%以上的制动能量回收至超级电容形成电能储存，实现能量循环利用，做到了高效节能。

四、海洋工程装备

（一）发展概况

我国海洋工程装备呈 T 字形分布。长江经济带与东部沿海船舶产业主导全国船舶行业发展，在空间上呈现出“T”字形空间格局。按照各省船舶企业单位数、船舶主营业务收入、利润总额、造船完工量、主要造船基础设施、主要修船基础设施指标来看，中国船舶工业主要集中在东部沿海的辽宁、山东、江苏、浙江、广东，以及长江经济带黄金水道沿线的重庆、湖北和安徽等省市的港口城市，中国西部内陆地区的船舶工业相对较少甚至未涉及。

我国海洋工程装备行业库存处置提速。政府层面，国务院国有资产监督管理委员会组织成立专门解决中国船厂海工资产债务以及产能过剩问题的国家级海工装备资产整合平台——国海海工资产管理有限公司，加速海工装备企业整合。企业层面，国内企业也在通过各种方式加快处置，特别是在光船租赁方面取得明显成效。例如，大连中远海运重工 1 座自升式钻井平台光租至阿布扎比，外高桥 2 座自升式钻井平台租赁于卡塔尔，中集来福士 3 座自升式钻井平台和 1 座半潜式钻井平台获租。

（二）技术进展

我国船舶电推技术获重大突破。2020 年 4 月 2 日，国产首台兆瓦级船舶直流组网电力推进系统装置成功下线，自主率达到 100%。船舶电推技术一直被海外公司如瑞典 ABB、德国西门子等公司垄断，国内公司在核心技术上几乎没有自主化。国内首台兆瓦级船舶直流组网电力推进系统的自主可控率达 100%，空间布局优化将提升 40%以上，节能效果较交流电力推进系统提升 20%以上，多项装备填补了国内空白，整体技术将达到国际领先水平。

“海斗一号”填补了我国万米作业型潜水器空白。2020 年 5 月，“海斗一号”全海深水下机器人挺进马里亚纳海沟挑战者深渊，成功完成 4 次万米下潜和试验性应用，率先实现我国“十三五”全海深重大装备研制、海试和试验性应用，填补了我国万米作业型潜水器空白，获取我国首批全海深重要数据和样品，构建了我国首支万米装备的专业化研发、海试和应用团队。在国际上首次利用全海深电动机械手完成了万米海底样品抓取、沉积物取样、标志物布放和水样采集，取得多项具有重大影响力的科技创新成果。

五、智能制造装备

（一）发展概况

智能制造装备成为我国支持重点。“十三五”时期以来，我国在国家层面对智能制造产业政策支持力度不断加大，智能制造产业迎来高速发展契机。国家发展改革委、工业和信息化部等先后推出《智能制造发展规划（2016—2020 年）》《工业互联网发展行动计划》等政策文件，进一步加强了国家层面对智能制造行业的指导和推动。目前，各地也在大力发展智能制造产业，如广东提出到 2025 年制造业全面进入智能化制造阶段；上海提出将智能制造作为从“上海制造”向“上海智造”转变的重要抓手，大力推广智能制造新模式应用等。

我国智能制造装备产业规模持续增长。自 2010 年以来，我国智能制造产业规模占全球比重始终维持在 19%～21%，2016 年，我国智能制造市场规模首次突破万亿元，达到 10747 万亿元。2020 年，我国智能装备市场规模将达 2 万亿元左右。分领域看，我国工业机器人市场规模持续扩张，2020 年中国工业机器人产量达到 237068 套，增速有所放缓；人工智能产业发展迅速，产业规模超过 400 亿元，主要用于关键技术研发和应用平台等领域。

产业集聚格局初步形成。目前，我国智能制造装备主要在珠三角、长三角、环渤海和中西部 4 个工业基础较为发达的地区形成集聚。其中，环渤海地区依托资源与人力资源优势，形成“核心区域”与“两翼”错位发展的产业格局，北京在工业互联网及智能制造服务等领域具有突出优势；长三角地区智能制造发展水平相对均衡，已经培育了一批优势突出、特色鲜明的智能制造装备产业集群；珠三角地区加快机器换人，逐步发展成为“中国制造”主阵地。

（二）技术进展

我国电子元器件智能制造技术实现新的突破。航天江南所属航天电器电子元器件智能制造项目入选“2020 中国智能制造十大科技进展”，该项目推动了传统制造模式向智能制造模式转型，连接器智能生产车间打通了产品全生命周期的数据流，突破软硬件间的壁垒，实现产品从订单到交付、从研发到服务的全流程集成。通过虚拟仿真技术，实现生产线物流与智能装备虚实结合、数据实时同步。

制造业企业的智能化控制水平得到大幅提升。成飞工业集团面向复杂装备研制生产的企业级生产管控中心项目入选“2020 中国智能制造十大科技进展”。该项目通过各业务领域数据整合，形成统一的基于数据的管控机制，支持企业从业务驱动管理向数据驱动管理转型，实现多源异构数据融合驱动的多场景融合应用，形成关键作业过程状态感知能力、数控加工过程智能监控能力，以及具备自评估和权值自优化机制的生产过程智能预测/预警能力。

第三节　中国高端装备制造产业年度热点事件

一、北斗三号全球系统核心星座部署完成

2019 年 12 月 16 日，我国以“一箭双星”的方式成功发射第 52、第 53 颗北斗导航卫星，我国所有中圆地球轨道北斗卫星全部发射完毕，标志着北斗三号全球系统核心星座部署完成，将进一步提升系统服务性能和用户体验，为实现全球组网奠定坚实基础。中圆地球轨道卫星作为北斗三号全球系统星座的主力卫星，主要为全球用户提供导航定位授时服务，以及全球短报文通信、国际搜救等特色服务。

二、“长征八号”运载火箭首次飞行试验取得圆满成功

2020 年 12 月 22 日，我国自主研制的新型中型运载火箭“长征八号”首次飞行试验在中国文昌航天发射场顺利实施，火箭飞行正常，试验取得圆满成功。“长征八号”运载火箭采用无毒无污染的推进剂，芯一级直径为 3.35 米，芯二级直径为 3 米，整流罩直径为 4.2 米，捆绑 2 枚直径为 2.25 米的助推器，全长约 50.3 米，起飞质量约 356 吨，700 千米太阳同步轨道运载能力不小于 4.5 吨，填补了我国太阳同步轨道 3～4.5 吨运载能力空白，对加速推进运载火箭升级换代具有重要意义。

三、“嫦娥五号”探测器发射圆满成功并顺利返回

2020 年 11 月 24 日，我国成功发射探月工程“嫦娥五号”探测器，顺利将探测器送入预定轨道，开启我国首次地外天体采样返回之旅。“嫦娥五号”任务计划实现三大工程目标：一是突破窄窗口多轨道装订发射、月面自动采样与封装、月面起飞、月球轨道交会对接、月球样品储存等关键技术，提升我国航天技术水平；二是实现我国首次地外天体自动采样返回，推动我国科学技术重大进步；三是完善探月工程体系，为我国未来开展载人登月与深空探测积累重要的人才、技术和物质基础。

四、中国首次火星探测任务探测器成功发射

2020 年 7 月 23 日，我国成功发射首次火星探测任务“天问一号”探测

器，成功将探测器送入预定轨道，开启火星探测之旅，迈出了我国行星探测的第一步。首次火星探测任务的工程目标，一是突破火星制动捕获、进入/下降/着陆、长期自主管理、远距离测控通信、火星表面巡视等关键技术，实现火星环绕探测和巡视探测，获取火星探测科学数据，实现我国在深空探测领域的技术跨越；二是建立独立自主的深空探测工程体系，包括设计、制造、试验、飞行任务实施、科学研究、工程管理及人才队伍，推动我国深空探测活动可持续发展。

第四节　中国高端装备制造产业重点企业分析

一、2020 年“中国装备制造业 100 强”企业

2020 年 7 月，中国装备制造行业协会发布了 2020 年“中国装备制造业 100 强”排行榜（见表 4-2）。通过对超过 11000 家利润总额在 5000 万元至 600 亿元的中国（除中国台湾地区外）制造型企业进行了数据采集研究，基于财务分析、行业分析、市场占有率分析确定候选企业，根据营业收入、资产总额、利润总额、所有者权益、研发投入、从业人数等指标对候选企业进行综合评分，遴选出“中国装备制造业 100 强”企业。

表 4-2　2020 年“中国装备制造业 100 强”企业排行榜

排名	企业名称	所在地	排名	企业名称	所在地
1	上海汽车集团股份有限公司	上海	13	中国航天科技集团有限公司	北京
2	华为投资控股有限公司	广东	14	江苏沙钢集团有限公司	江苏
3	中国第一汽车集团有限公司	吉林	15	中国电子科技集团公司	北京
4	东风汽车集团有限公司	湖北	16	中国中车集团有限公司	北京
5	中国宝武钢铁集团有限公司	上海	17	中国电子信息产业集团有限公司	北京
6	中国兵器工业集团有限公司	北京	18	珠海格力电器股份有限公司	广东
7	中国航空工业集团有限公司	北京	19	安徽海螺集团有限责任公司	安徽
8	广州汽车工业集团有限公司	广东	20	中国重型汽车集团有限公司	山东
9	联想集团有限公司	北京	21	广西柳州钢铁集团有限公司	广西
10	浙江吉利控股集团有限公司	浙江	22	上海医药集团股份有限公司	上海
11	山东魏桥创业集团有限公司	山东	23	湖南华菱钢铁集团有限责任公司	湖南
12	美的集团股份有限公司	广东	24	比亚迪股份有限公司	广东

续表

排名	企业名称	所在地	排名	企业名称	所在地
25	浙江荣盛控股集团有限公司	浙江	56	恒申控股集团有限公司	福建
26	南山集团有限公司	山东	57	四川德胜集团钒钛有限公司	四川
27	河北津西钢铁集团股份有限公司	河北	58	河北新金钢铁有限公司	河北
28	北京金隅集团股份有限公司	北京	59	郑州宇通企业集团	河南
29	山东东明石化集团有限公司	山东	60	富通集团有限公司	浙江
30	万丰奥特控股集团有限公司	浙江	61	江苏新长江实业集团有限公司	江苏
31	广州医药集团有限公司	广东	62	山东玉皇化工有限公司	山东
32	上海电气（集团）总公司	上海	63	福建永荣控股集团有限公司	福建
33	万向集团公司	浙江	64	浙江龙盛控股有限公司	浙江
34	江铃汽车集团有限公司	江西	65	波司登股份有限公司	江苏
35	敬业集团有限公司	河北	66	华东医药股份有限公司	浙江
36	日照钢铁控股集团有限公司	山东	67	江苏阳光集团有限公司	江苏
37	长城汽车股份有限公司	河北	68	晶龙实业集团有限公司	河北
38	中国国际海运集装箱（集团）股份有限公司	广东	69	天瑞集团股份有限公司	河南
39	马钢（集团）控股有限公司	安徽	70	万通海欣控股集团股份有限公司	山东
40	雅戈尔集团股份有限公司	浙江	71	金东纸业（江苏）股份有限公司	江苏
41	扬子江药业集团	江苏	72	新凤鸣集团股份有限公司	浙江
42	万华化学集团股份有限公司	山东	73	东营鲁方金属材料有限公司	山东
43	金鼎钢铁集团有限公司	河北	74	卧龙控股集团有限公司	浙江
44	新余钢铁集团有限公司	江西	75	山东泰山钢铁集团有限公司	山东
45	山东海科化工集团有限公司	山东	76	富海集团有限公司	山东
46	三一集团有限公司	湖南	77	滨化集团股份有限公司	山东
47	奇瑞控股集团有限公司	安徽	78	沂州集团有限公司	山东
48	玖龙纸业（控股）有限公司	广东	79	美锦能源集团有限公司	山西
49	冀南钢铁集团有限公司	河北	80	华新水泥股份有限公司	湖北
50	福建省三钢（集团）有限责任公司	福建	81	洛阳栾川钼业集团股份有限公司	河南
51	山东如意时尚投资控股有限公司	山东	82	山东齐鲁制药集团有限公司	山东
52	红狮控股集团有限公司	浙江	83	广西盛隆冶金有限公司	广西
53	华勤橡胶工业集团有限公司	山东	84	云南白药集团股份有限公司	云南
54	石横特钢集团有限公司	山东	85	舜宇集团有限公司	浙江
55	威高集团有限公司	山东	86	河北天柱钢铁集团有限公司	河北

续表

排名	企业名称	所在地	排名	企业名称	所在地
87	重庆钢铁股份有限公司	重庆	94	山东中海化工集团有限公司	山东
88	华峰集团有限公司	浙江	95	三花控股集团有限公司	浙江
89	河南济源钢铁（集团）有限公司	河南	96	江西济民可信集团有限公司	江西
90	得力集团有限公司	浙江	97	中策橡胶集团有限公司	浙江
91	西子联合控股有限公司	浙江	98	江苏三木集团有限公司	江苏
92	纳爱斯集团有限公司	浙江	99	宁波方太厨具有限公司	浙江
93	河北兴华钢铁有限公司	河北	100	玲珑集团有限公司	山东

数据来源：中国装备制造行业协会，2020 年 7 月。

二、2020 年第三季度中国船舶制造企业订单总数榜单

2020 年 11 月，英国 Clarkson 研究公司公布了全球船舶制造企业订单 50 强榜单，国内共有 26 家造船企业上榜（见表 4-3）。从修正总吨来看，中国船舶制造企业订单总数为 1843.5 万修正总吨，约占全球订单总数的 27.1%，位居第一名，略高于韩国。

表 4-3　2020 年第三季度中国船舶制造企业订单总数榜单

排名	全球排名	企业简称	修正总吨/千吨	订单数/笔
1	8	江南造船（集团）	1590	45
2	9	上海外高桥造船厂	1549	39
3	12	广船国际（南沙）	1237	44
4	13	新时代造船	1180	41
5	18	大连船舶重工	929	26
6	19	中船黄埔文冲造船	885	54
7	20	华南造船	878	12
8	21	南通中远海运川崎	834	30
9	22	沪东中华造船	811	11
10	23	江苏新扬子江造船	784	43
11	24	北海船舶重工	779	22
12	28	江苏扬子鑫福造船	613	15
13	29	招商局金陵船舶（南京）	605	23
14	31	常石集团（舟山）造船	561	36
15	33	大连中远海运川崎	537	20

续表

排名	全球排名	企 业 简 称	修正总吨/千吨	订单数/笔
16	34	招商局重工（江苏）	536	16
17	35	马尾造船	501	38
18	36	中船澄西	490	26
19	37	南通象屿海装	477	29
20	39	扬州中远海运重工	467	15
21	41	新大洋造船	450	25
22	43	天津新港船舶重工	412	11
23	44	泰州三福造船	402	27
24	47	江苏韩通船舶重工	323	11
25	49	招商金陵（威海）	303	8
26	50	大连中远海运重工	302	17

数据来源：Clarkson，2020 年 11 月。

三、2020 年中国内燃机及配件制造 20 强企业

2020 年 12 月，中国制造企业协会开展 2020 年度制造业企业情况综合数据调查采集工作，以 2019 年企业营业收入为基本标准，综合参考企业的其他条件，推选出“2020 年中国内燃机及配件制造 20 强企业”榜单（见表 4-4）。

表 4-4 “2020 年中国内燃机及配件制造 20 强企业”榜单

排　名	企 业 名 称
1	潍柴动力股份有限公司
2	中国重汽集团有限公司
3	广西玉柴机器集团有限公司
4	江铃汽车股份有限公司
5	一汽解放汽车有限公司无锡柴油机厂
6	隆鑫通用动力股份有限公司
7	无锡威孚高科技集团股份有限公司
8	东风康明斯发动机有限公司
9	重庆润通控股（集团）有限公司
10	昆明云内动力股份有限公司
11	上海柴油机股份有限公司

续表

排　　名	企 业 名 称
12	安徽全柴动力股份有限公司
13	常柴股份有限公司
14	哈尔滨东安汽车动力股份有限公司
15	浙江新柴股份有限公司
16	一汽解放大连柴油机有限公司
17	重庆康明斯发动机有限公司
18	康跃科技股份有限公司
19	东风朝阳朝柴动力有限公司
20	山东华源莱动内燃机有限公司

数据来源：中国制造企业协会，2020 年 12 月。

四、2020 年中国机床工具行业十佳企业

2021 年 1 月，中国机床工具工业协会发布了中国机床工具工业协会 2020 年度先进会员，其中包含 4 个项目的十佳，分别是："自主创新十佳""产品质量十佳""综合经济效益十佳""产品出口十佳"。其中"自主创新十佳""产品质量十佳"经过企业自愿申报、相关专家进行资料审核、用户应用情况核实和综合评审等工作程序确定，评定标准侧重于对研发生产的产品在实际生产应用中的效果和用户评价，以此来反映企业在开展企业技术创新、质量提升等方面取得的成效；"综合经济效益十佳""产品出口十佳"根据行业重点联系企业统计年报数据确定。先进会员名单如表 4-5～表 4-8 所列。

表 4-5　2020 年中国机床工具行业"自主创新十佳"企业（按企业名称排序）

序号	企 业 名 称	产品型号、名称
1	宝鸡机床集团有限公司	BMC-500TV 铣车复合加工中心
2	北京精雕科技集团有限公司	JDGR200 精雕高速加工中心
3	北京市电加工研究所	A2190 大型精密六轴联动数控电火花成形机床
4	济南二机床集团有限公司	SFL-4000×2000 吉利贵阳自主知识产权快速单臂线
5	科德数控股份有限公司	KGHM2040UD 高速桥式龙门加工中心
6	南京二机齿轮机床有限公司	YD3132CNC 数控干式滚齿机（滚倒一体机）
7	齐齐哈尔二机床（集团）有限责任公司	XK9734 重型轮槽铣床

续表

序号	企 业 名 称	产品型号、名称
8	上海工具厂有限公司	航空航天用系列化刀具
9	武汉华中数控股份有限公司	HNC-9 iNC 人工智能数控系统
10	武汉重型机床集团有限公司	VTMF5925 工作台移动式五轴立式铣车加工中心

数据来源：中国机床工具工业协会，2021 年 1 月。

表 4-6　2020 年中国机床工具行业“产品质量十佳”企业（按企业名称排序）

序　号	企 业 名 称	产品型号、名称
1	安徽新诺精工股份有限公司	VMC850L 立式加工中心
2	重庆机床（集团）有限责任公司	YDZ3126CNC 数控直驱干切滚齿机
3	大族激光智能装备集团有限公司	P6018D 全自动激光切管机
4	广州市昊志机电股份有限公司	DGZ-60E 滚珠高速电主轴
5	广州市敏嘉制造技术有限公司	HF304 多联车铣复合一体化生产线
6	宁波海天精工股份有限公司	GRU II 32×60 定梁龙门加工中心
7	南京工艺装备制造有限公司	GZB35 精密重载滚柱导轨副
8	三河同飞制冷股份有限公司	MCW-35 水冷却机
9	四川普什宁江机床有限公司	TH（M/D）63100 卧式加工中心
10	台州北平机床有限公司	BPX5 五轴数控工具磨床

数据来源：中国机床工具工业协会，2021 年 1 月。

表 4-7　2020 年中国机床工具行业“综合经济效益十佳”企业

序　　号	企 业 名 称
1	华辰精密装备（昆山）股份有限公司
2	南通茂溢机床有限公司
3	科德数控股份有限公司
4	北京阿奇夏米尔工业电子有限公司
5	济南二机床集团有限公司
6	江苏亚威机床股份有限公司
7	恒锋工具股份有限公司
8	三河同飞制冷股份有限公司
9	郑州宏基研磨科技有限公司
10	郑州磨料磨具磨削研究所有限公司

数据来源：中国机床工具工业协会，2021 年 1 月。

表 4-8　2020 年中国机床工具行业“产品出口十佳”企业

序　　号	企 业 名 称
1	武汉华工激光工程有限责任公司
2	浙江日发精密机械股份有限公司
3	山东威达重工股份有限公司
4	秦川机床工具集团股份公司
5	大族激光科技产业集团股份有限公司
6	江苏亚威机床股份有限公司
7	扬力集团股份有限公司
8	大连远东工具有限公司
9	株洲钻石切削刀具股份有限公司
10	福建省泉州万龙石业有限公司

数据来源：中国机床工具工业协会，2021 年 1 月。

第五章

新材料产业

第一节　国内外新材料产业发展动态

一、整体概况

（一）新材料产业在全球范围内持续高速发展

2020 年，全球新材料市场销售额近 20 万亿元，同比增长突破 10%。以美国、日本、俄罗斯为首的发达国家在新材料领域处于领先地位，韩国、中国等国家处于“追赶者”的地位，在尖端材料领域各国的竞争日趋激烈。在发展过程中，新材料产业与上下游联系日益紧密，逐渐形成了多部门跨区域联合的发展模式，一些强强联合的情况开始出现。如日本半导体企业 ADEKA 与关东电化学工业相继在韩国投产，加强与三星海力士的长期合作；美国空气化工在印度尼西亚与 Bakrie 集团合作生产甲醇。

（二）发达国家出台多项政策支持新材料产业发展

全球新材料前沿领域竞争激烈，各国都在加大投入抢占市场高地，力争在横向领域拓展产品门类，在纵向提升产品的竞争能力。发达国家围绕新材料产业出台多项政策，鼓励企业不断加速技术产品的迭代，提升本国企业在行业中的市场地位，进一步稳固自身产业链、供应链安全。如 2020 年日本在工业技术展望报告中提出要加强对领域基础材料技术的资源倾斜。韩国政府宣布将积极支援、研发基础设施，抢占碳化硅、氮化镓等半导体材料市场。

（三）新材料辐射带动效应明显

全球新材料领域颠覆性技术的不断涌现，新技术、新产品将带动一批有着良好应用前景的零部件、元器件快速发展。如美国海军研究实验室成功开发出新型氮化镓基谐振隧穿二极管（RTD）；韩国科学技术研究院突破了一种新型硅负极材料，大幅提升电池容量；中国天津大学成功研发一种可自愈的表层材料，该种材料能使整机即便在严寒、深海和强酸碱等严酷条件下也能快速自愈，作为表层材料在深海装备、机器人等领域有着良好的应用前景。

二、存在问题

我国新材料产业核心竞争力不足。从需求上看，尽管我国电子材料需求量位居全球第一，下游需求带动能力不断增强，但国内产品的竞争力依旧不足，在高端领域如光刻胶、氮化镓单晶衬底、高纯气体等电子材料自给率低于 5%。我国高端材料发展瓶颈问题明显，如合金材料稳定性可靠性不足，是我国新材料核心竞争力不强的突出代表，产品的耐高温、耐腐蚀等关键性能难以满足下游市场要求，使得国内市场对合金材料严重依赖进口。从供给上看，新材料产品的技术突破和应用推广难，新材料研发本就具有高投入、长周期等问题，即便产品研发成功，由于细分领域市场规模小，且下游企业往往不愿更换供应商等问题，新产品的生产规模难以扩大。

三、政策动态

（一）《新时期促进集成电路产业和软件产业高质量发展的若干政策》为集成电路材料的未来发展提供指引

2020 年 8 月 4 日，国务院印发《新时期促进集成电路产业和软件产业高质量发展的若干政策》（以下简称《若干政策》)。《若干政策》提出提供财税政策支持集成电路材料企业发展，对符合要求的集成电路材料企业免征企业所得税，对企业所需的生产性原材料、消耗品，净化室专用建筑材料，免征进口关税。在研究开发部分，聚焦集成电路关键材料的核心技术研发，围绕关键装备材料结合行业特点推动各类创新平台建设，探索运用新型举国体制加强集成电路材料的攻关研发，在关键装备材料、新一代半导体材料等领域建设一批创新类平台。

（二）《建材工业智能制造数字转型行动计划（2021—2023 年）》为建材发展提出了新的要求

为促进建材工业与新一代信息技术在更广范围、更深程度、更高水平上实现融合发展，促进建材工业转方式、调结构、增动力，加快迈向高质量发展，工业和信息化部办公厅印发《建材工业智能制造数字转型行动计划（2021—2023 年）》（以下简称《行动计划》）。《行动计划》提出，到 2023 年建材工业信息化基础支撑能力显著增强，智能制造关键共性技术取得明显突破，重点领域示范引领和推广应用取得较好成效，全行业数字化、网络化、智能化水平大幅提升，经营成本、生产效率、服务水平持续改进，推动建材工业全产业链高级化、现代化、安全化，加快迈入先进制造业。

（三）《关于开展 2020 年度重点新材料首批次应用保险补偿机制试点工作的通知》印发

为加强新材料产品的应用推广，工业和信息化部办公厅与银保监会办公厅联合发布《关于开展 2020 年度重点新材料首批次应用保险补偿机制试点工作的通知》。根据《重点新材料首批次应用示范指导目录（2019 年版）》中新材料产品范围，符合要求的相关企业可提出保费补贴申请。新材料首批次应用保险补偿将进一步优化新材料产品在供应链市场上的应用推广。

第二节　中国新材料产业重点领域分析

一、半导体材料

（一）发展概况

国内半导体材料市场增速高于全球。从半导体产业链来看，半导体材料处在整条产业链上游，下游应用场景广泛，包括消费电子、仪器仪表、航空航天、汽车芯片等应用领域。全球 2020 年半导体材料的市场规模为 3500

亿元，中国大陆地区实现对韩国的反超，市场规模达到615亿元，增长率为9.2%，在中小尺寸硅单晶、磁性材料、覆铜板、有机薄膜材料等细分领域产量位于全球第一，靶材、CMP抛光材料、电子特气等细分领域在技术突破上初见成效。“十四五”时期，我国半导体材料市场规模将进一步提升，并将继续向提升产能、技术突破的方向发展。

国内企业项目建设持续发力。2018—2020年，全球新投产的62座晶圆厂中共有26座位于中国大陆地区，占比超过40%，我国已成为晶圆产能增速最快的地区。预计到2022年，国内12英寸晶圆平均月产能可达到233万片/月。英诺赛科苏州第三代半导体基地项目已进入量产准备阶段，预计投产后8英寸硅基氮化镓三年内产能将达到65000片/月；立昂微的12英寸硅片项目已实现批量化的生产和销售，预计到2021年年底完成项目建设，达到年产180万片规模。

（二）技术进展

我国半导体材料实现新的突破。在电子特气方面，湖南凯美特气体新建12套特种稀有气体生产及辅助装置，产品门类包括高纯度二氧化碳等稀有气体、氯化氢基准分子激光混配气、氟基准分子激光混配气、动态激光混配气，企业将完成25套电子特种气体和混配气体生产加工装置的建设，向全方位的电子特种气体领域延伸，形成业内具备较大影响力的专业电子特种气体和混配气体研发及生产加工基地。

二、OLED显示材料

（一）发展概况

下游市场需求高涨，带动OLED材料高速发展。OLED材料的应用场景主要为大尺寸电视、智能手机及智能手表，仅有极少数个人计算机产品采用OLED显示屏，受面板平均价格下降的影响，2020年全球OLED显示面板市场规模仅增长0.7%，达到2113亿元，出货量达到5.78亿片，同比增长3.7%。国内龙头企业市场份额有所增长，京东方在2020年的OLED销售额达到120.2亿元，全球市场份额增至5.7%，高于2019年1.3个百分点。国际龙头三星显示2020年收入为1442亿元，较2019年下降15.8%，全球市场份额从

2019 年的 81.6%下降至 68.2%。得益于下游电视、手机、车载面板等领域的快速发展，处在 OLED 产业链上游的中间体、粗单体、ITO 基板、有机发光材料、偏玻片、缝合胶等材料产品有着良好的市场前景。

（二）技术进展

国内加速布局 OLED 材料。四川阿格瑞用铂（Pt）作为核心金属元素的材料体系，攻克 OLED 材料技术难点。2020 年，四川阿格瑞 OLED 新材料项目正式投产，项目建成后，阿格瑞公司有望成为国内高水平、大规模生产工艺的 OLED 材料生产企业，其 OLED 高纯材料产能达到 30 吨/年，其他功能材料产能达到 200 吨/年，可满足国内下游 OLED 面板企业 25%以上的供货需求。

三、锂电池材料

（一）发展概况

碳纳米管导电剂替代趋势明显。随着 3C 市场、新能源汽车市场对锂电池需求量逐步增大，我国锂电池产量逐年攀升，2020 年，国内锂电池产量达到 188.5 亿只，累计增长达到 14.4%。锂电池导电剂在动力电池成本构成中占 2%，主要包括传统导电剂材料，如炭黑、导电石墨等，以及碳纳米管、石墨烯等新型导电剂材料。2020 年全球锂电池用碳纳米管市场规模达到 34.7 亿元，同比增长 47%，出货量为 8.9 万吨，同比增长 50.8%。从国内市场看，国内碳纳米管出货量呈现快速增长，2015 年至 2019 年，国内碳纳米管出货量从 0.83 万吨增长至 3.58 万吨，未来碳纳米管市场规模将进一步扩大，2021 年需求量有望达到 10.82 万吨。

（二）技术进展

新型动力电池导电剂材料已有赶超势头。碳纳米管相较于碳黑、导电石墨等传统材料，在导电导热、力学性能、润滑防腐等性能上具有明显的比较优势。随着下游锂电池对容量、循环性能的要求越来越高，传统的导电剂材料难以满足锂电池技术快速迭代的需求，加入颗粒小的导电剂是解决这一难题的直接办法，基于新型碳纳米管导电剂性能上的更优表现，导电剂开始从传统导电剂向新型导电剂碳纳米管、石墨烯等材料过渡，由于导电剂的单位使用量减少，在电池模组成本的控制上缓解了新型导电剂材料单价高的问题。在市场需求和技术迭代的双轮驱动下，碳纳米管的渗透率迅速增长，到2020 年达到 46.1%。

锂电池导电剂国产化持续推进。目前，碳纳米管导电剂前五名的企业市场占有率已接近 90%，同时上游企业产品不断向下游龙头企业集中。2016年国产导电剂占比为 23.1%，2020 年占比达到 48.5%。传统导电剂主要的生产企业为瑞士特密高、美国卡博特、日本电气化学等外国企业。近年，碳纳米管在动力电池领域作为导电剂替代碳黑的速度开始加快，国内涌现出如天奈科技、德方纳米等企业，国内新能源汽车市场的需求带动与新技术的快速迭代将进一步推动国产锂电池材料高质量发展。

四、稀土功能材料

（一）发展概况

我国是世界上最大的稀土进出口国。稀土种类较为丰富，共有 17 种，其中包括钪系、钇系和镧系元素。美国地质调查局（USGS）数据显示，全球稀土金属产量在 2020 年达到 24 万吨，同比增长 9%。我国稀土金属产量为 14 万吨，在全球总产量中的占比下降为 58%。2020 年，我国稀土产品出口数量整体下降幅度较大，海外稀土供应有所增加。海关总数据显示，我国2020 年的稀土出口量为 3.54 万吨，同比减少 23.49%，出口金额为 22.2 亿元，同比减少 21.88%，均价上涨 2.10%，达到 62.7 元/千克。我国稀土产品的贸易伙伴有近 60 个国家，其中进口最多的贸易国为日本、美国、荷兰，其进口数量占比高达 73.17%。我国稀土的供需缺口较大，企业需要通过进口稀土来缓解这一问题。

我国稀土行业政策体系逐步完善。稀土是重要的战略资源，也是不可再生资源，要加大科技创新工作力度，不断提高开发利用的技术水平，延伸产业链，提高附加值，加强项目环境保护，实现绿色发展、可持续发展。在政策供给上，《中华人民共和国资源税法》规定中重稀土实行固定税率（税率降至 20%），轻稀土实行幅度税率（7%～12%）。2021 年，工业和信息化部向社会公开征求对《稀土管理条例（征求意见稿）》的意见，明确了稀土监管的各类规章制度，并明确了法律责任。

（二）技术进展

稀土材料取得明显突破。有研究者针对全光谱高显色 LED 照明对高端荧光粉及配套 LED 光源的迫切需求，设计研制出适合紫光 / 蓝光激发的新型高效荧光粉，发明了卤磷酸盐、多位掺杂石榴石型铝酸盐、氮氧化物等多体系材料的先进制备技术，开发形成了高性能荧光粉产品；突破了紫光/蓝光芯片激发的全光谱高显色 LED 光源及其先进封装技术，器件的发光效率和显色指数等指标达到国际先进水平。

五、石墨烯材料

（一）发展概况

石墨烯产业发展进入平台期。近年，石墨烯产业迎来爆发式增长，2019年，中国石墨烯产业市场规模已达到 120 亿元，2020 年受疫情影响石墨烯产业规模增速减缓，市场规模约为 135 亿元，同比增长 12.5%。在企业发展上，我国石墨烯企业多为中小微企业，企业的发展重点多聚焦于石墨烯规模化生产工艺以及与下游广泛的应用场景，其中约 40%的企业集中于石墨烯产品应用场景的开发工作，其余企业分散在石墨烯材料研发、生产工艺优化、生产设备制造等产业链上游环节。当前产业化、生产工艺、缺少行业龙头等问题制约着石墨烯产业的发展，从无到有的高速增长期正面临发展瓶颈，如何过渡到从有到优，突破产业化瓶颈，从而实现引领性的发展将是下一个重要方向。

（二）技术进展

石墨烯产业化仍需推进。我国共有纳凯、墨西科技、第六元素等石墨烯企业 300 余家，企业多数以生产石墨烯粉体和石墨烯薄膜材料为主。从工程化产业化的角度看，我国石墨烯重点应用于触摸屏、涂料和添加剂等低附加值场景，单晶石墨烯薄膜的制备仅停留在毫米级，在高端如电子元器件、光电探测器等高技术高附加值的领域石墨烯工程化产业化相对匮乏。

第三节　中国新材料产业年度热点事件

一、国产 ArF 光刻胶取得突破

2020 年 12 月 17 日，宁波南大光电自主研发的 ArF 光刻胶产品已通过客户使用认证。该产品为我国第一款经过产品验证的国产 ArF 光刻胶产品，标志着我国光刻胶的产业化向前迈出了一大步①。

二、全国有色金属智能制造联盟成立大会召开

2020 年 10 月 16 日，全国有色金属智能制造联盟成立大会在杭州市召开，260 余位来自行业、企业、高校院所的代表参会，联盟成立旨在围绕“智能矿山”加强政策指导和资源整合，提升有色金属的行业智能化水平②。

三、国家新材料测试评价平台复合材料行业中心共建暨南京玻纤院发展大会在南京召开

2020 年 11 月 20 日，国家新材料测试评价平台复合材料行业中心共建暨南京玻纤院发展大会在南京盛大召开。会议以“创新合作 共赢未来”为主题，依托国家新材料测试评价平台，加强新材料产业链合作共建，共塑产业新生态。会上举行了“国家新材料测试评价平台复合材料行业中心合作签约仪式”，并与多个实验室签订合作协议③。

四、中关村材料试验技术联盟电子材料领域委员会正式成立

2020 年 12 月 3 日，中关村材料试验技术联盟（CSTM）电子材料领域委员会成立大会在广州召开。委员会的成立将有效利用团体标准机制灵活的优势，快速响应创新和市场需求，填补行业空白，支撑我国电子信息产业高

---

① SEMI 大半导体产业网：《国产 ArF 光刻胶取得重大突破：可用于 7nm 工艺》，中国电子材料网，2020 年。

② 工业和信息化部：《原材料工业司出席全国有色金属智能制造联盟成立大会》，工业和信息化部网站，2020 年。

③ 工业和信息化部：《原材料工业司参加国家新材料测试评价平台复合材料行业中心共建暨南京玻纤院发展大会》，工业和信息化部网站，2020 年。

质量发展[①]。

第四节　中国新材料重点企业分析

一、2020年中国民营建材百强企业

2020年11月，中国建筑材料企业管理协会以“稳增长、调结构、增效益”为依据，通过地方建材协会和建材专业协会推荐、企业自荐、公开信息采集、专项调查等多种渠道，遴选发布了“2020中国建材企业500强”榜单（截取前100名，见表5-1）[②]。从企业分布来看，广东、浙江、山东三省的企业数量占比较大。从企业性质来看，有国有企业13家，多元化股份企业45家，民营企业42家。从主营产品来看，有33家企业主营水泥产品，10家为综合类企业，其他企业主营塑料管材、玻璃和防水材料等。

表5-1 “2020中国建材企业500强”榜单（前100名）

排序	企业名称	所属地	企业性质	主营产品类型
1	中国建材集团有限公司	北京	国有	综合
2	安徽海螺集团有限责任公司	安徽	国有	综合
3	北京金隅集团股份有限公司	北京	国有	综合
4	红狮控股集团有限公司	浙江	民营	水泥
5	华润水泥控股有限公司	广东	多元化股份	水泥
6	江苏金峰水泥集团有限公司	江苏	民营	综合
7	华新水泥股份有限公司	湖北	多元化股份	水泥
8	建华建材（中国）有限公司	江苏	民营	混凝土制品
9	广东联塑科技实业有限公司	广东	多元化股份	塑料管材

① 工业和信息化部：《中关村材料试验技术联盟电子材料领域委员会正式成立》，工业和信息化部网站，2020年。

② 中国建筑材料企业管理协会：《关于发布“2020中国建材企业500强、建材服务业100强、民营建材企业100强、最具成长性建材企业100强、建材园区100强及和谐建材企业”的通知》，中国建筑材料企业管理协会网站，2020年。

续表

排序	企 业 名 称	所属地	企业性质	主营产品类型
10	中建西部建设股份有限公司	四川	国有	综合
11	山东山水水泥集团有限公司	山东	多元化股份	水泥
12	福耀玻璃工业集团股份有限公司	福建	多元化股份	玻璃
13	山东南山铝业股份有限公司	山东	多元化股份	铝型材
14	北京东方雨虹防水技术股份有限公司	北京	多元化股份	防水材料
15	吉林亚泰（集团）股份有限公司	吉林	多元化股份	综合
16	九牧厨卫股份有限公司	福建	民营	卫浴产品、五金配件
17	信义玻璃控股有限公司	广东	多元化股份	玻璃
18	天瑞水泥集团有限公司	河南	多元化股份	水泥
19	江西万年青水泥股份有限公司	江西	多元化股份	水泥
20	广东兴发铝业有限公司	广东	多元化股份	铝型材
21	中国南玻集团股份有限公司	广东	多元化股份	玻璃
22	浙江中财管道科技股份有限公司	浙江	多元化股份	塑料管材
23	天津市新宇彩板有限公司	天津	民营	彩涂卷板
24	中国葛洲坝集团水泥有限公司	湖北	国有	水泥
25	株洲旗滨集团股份有限公司	湖南	民营	玻璃
26	金圆环保股份有限公司	浙江	多元化股份	水泥
27	甘肃上峰水泥股份有限公司	甘肃	多元化股份	水泥
28	山东冠洲股份有限公司	山东	民营	彩涂卷板
29	广东新明珠陶瓷集团有限公司	广东	民营	建筑陶瓷
30	大亚圣象家居股份有限公司	江苏	多元化股份	地板、纤维板
31	上海建材（集团）有限公司	上海	国有	综合
32	安徽建工建筑材料有限公司	安徽	国有	综合
33	尧柏特种水泥集团有限公司	陕西	民营	水泥
34	广东塔牌集团股份有限公司	广东	多元化股份	水泥
35	江苏磊达股份有限公司	江苏	民营	水泥

续表

排序	企 业 名 称	所属地	企业性质	主营产品类型
36	广东东鹏控股股份有限公司	广东	民营	建筑陶瓷、卫生洁具
37	广东稳德陶瓷控股有限公司	广东	民营	建筑陶瓷
38	杭州诺贝尔陶瓷有限公司	浙江	民营	建筑陶瓷
39	云南水泥建材集团有限公司	云南	国有	水泥
40	科达制造股份有限公司	广东	多元化股份	机械与装备
41	永高股份有限公司	浙江	多元化股份	塑料管材
42	山东万山集团有限公司	山东	民营	混凝土外加剂
43	西藏建工建材集团有限公司	西藏	国有	综合
44	广东三和管桩股份有限公司	广东	民营	混凝土制品
45	金晶（集团）有限公司	山东	多元化股份	玻璃
46	广西鱼峰集团有限公司	广西	国有	水泥
47	潍坊市宇虹防水材料（集团）有限公司	山东	民营	防水材料
48	康泰塑胶科技集团有限公司	四川	民营	塑料管材
49	佛山欧神诺陶瓷有限公司	广东	多元化股份	建筑陶瓷
50	宏源防水科技集团有限公司	山东	民营	防水材料
51	海南华盛水泥控股有限公司	海南	民营	水泥
52	金德管业集团有限公司	辽宁	多元化股份	塑料管材
53	三棵树涂料股份有限公司	福建	多元化股份	涂料
54	宜华生活科技股份有限公司	广东	多元化股份	地板、纤维板
55	东方希望重庆水泥有限公司	重庆	民营	水泥
56	四川华西绿舍建材有限公司	四川	国有	混凝土制品
57	广东华润涂料有限公司	广东	多元化股份	涂料
58	浙江伟星新型建材股份有限公司	浙江	多元化股份	塑料管材
59	科顺防水科技股份有限公司	广东	多元化股份	防水材料
60	德华兔宝宝装饰新材股份有限公司	浙江	多元化股份	纤维板、地板
61	福建龙麟集团有限公司	福建	民营	水泥
62	广铝集团有限公司	广东	民营	铝型材
63	山东鲁碧建材有限公司	山东	国有	水泥
64	福莱特玻璃集团股份有限公司	浙江	多元化股份	玻璃

续表

排序	企业名称	所属地	企业性质	主营产品类型
65	濮阳濮耐高温材料（集团）股份有限公司	河南	多元化股份	耐火材料
66	蒙娜丽莎集团股份有限公司	广东	多元化股份	建筑陶瓷
67	四川峨胜水泥集团股份有限公司	四川	民营	水泥
68	安徽珍珠水泥集团股份有限公司	安徽	民营	水泥
69	福建金牛水泥有限公司	福建	民营	水泥
70	云南建投绿色高性能混凝土股份有限公司	云南	国有	预拌混凝土
71	娲石水泥集团有限公司	湖北	民营	水泥
72	浙江尖峰集团股份有限公司	浙江	多元化股份	水泥
73	广西登高集团有限公司	广西	民营	水泥
74	盘固水泥集团有限公司	江苏	民营	水泥
75	北京嘉寓门窗幕墙股份有限公司	北京	多元化股份	门窗
76	大自然家居控股有限公司	广东	多元化股份	木地板
77	垒知控股集团股份有限公司	福建	多元化股份	预拌混凝土、混凝土外加剂
78	江苏鹤林水泥有限公司	江苏	民营	水泥
79	山东圣泉新材料股份有限公司	山东	民营	保温材料
80	景津环保股份有限公司	山东	多元化股份	污泥处理技术与装备
81	江苏苏博特新材料股份有限公司	江苏	多元化股份	混凝土外加剂
82	内蒙古蒙西水泥股份有限公司	内蒙古	民营	水泥
83	湖南天欣集团·富强科技股份有限公司	湖南	民营	综合
84	惠达卫浴股份有限公司	河北	多元化股份	卫浴产品
85	重庆三圣实业股份有限公司	重庆	多元化股份	预拌混凝土
86	兆弟集团有限公司	浙江	民营	预应力混凝土异型预制桩
87	新疆青松建材化工（集团）股份有限公司	新疆	多元化股份	水泥
88	嘉宝莉化工集团股份有限公司	广东	多元化股份	涂料
89	深圳汇基集团有限公司	广东	民营	预拌混凝土、混凝土制品
90	江山虎集团有限公司	浙江	民营	水泥

续表

排序	企 业 名 称	所属地	企业性质	主营产品类型
91	雨中情防水技术集团有限责任公司	陕西	民营	防水材料
92	浙江五龙新材股份有限公司	浙江	民营	混凝土外加剂
93	兰州宏建建业集团有限公司	甘肃	民营	预拌混凝土
94	河南孟电集团水泥有限公司	河南	民营	水泥
95	湖北京兰水泥集团有限公司	湖北	民营	水泥
96	河南锦荣水泥有限公司	河南	民营	水泥
97	成都川路塑胶集团有限公司	四川	多元化股份	塑料管材
98	方大集团股份有限公司	广东	多元化股份	玻璃幕墙
99	山东崇正控股集团有限公司	山东	民营	水泥
100	广东豪美新材股份有限公司	广东	多元化股份	铝型材

数据来源：中国建筑材料企业管理协会，赛迪智库整理，2021年8月。

二、2020年中国精细化工百强企业

全国精细化工原料及中间体行业协作组发布《中国精细化工百强2020评选报告》，评选范围是所有精细化工子行业企业在2019年的经营情况。从区域分布来看，东部地区是中国精细化工领先企业最集中的区域，共有77家企业上榜，其中中部地区14家企业上榜，西部地区7家企业上榜，东北地区2家（见表5-2）。

表5-2　2020年中国精细化工百强企业

序号	企 业 名 称	序号	企 业 名 称
1	浙江龙盛集团股份有限公司	6	万华化学集团股份有限公司
2	浙江新和成股份有限公司	7	联化科技股份有限公司
3	河北诚信集团有限公司	8	中节能万润股份有限公司
4	石药控股集团有限公司	9	江苏扬农化工股份有限公司
5	安道麦股份有限公司	10	赞宇科技集团股份有限公司

续表

序号	企 业 名 称	序号	企 业 名 称
11	北京颖泰嘉和生物科技股份有限公司	42	圣奥化学科技有限公司
12	浙江巨化股份有限公司	43	红宝丽集团股份有限公司
13	四川永祥股份有限公司	44	浙江永太科技股份有限公司
14	杭州福斯特应用材料股份有限公司	45	山东阳谷华泰化工股份有限公司
15	三棵树涂料股份有限公司	46	深圳市容大感光科技股份有限公司
16	芜湖长信科技股份有限公司	47	西安蓝晓科技新材料股份有限公司
17	山东东岳化工有限公司	48	河南清水源科技股份有限公司
18	隆基绿能科技股份有限公司	49	昆明贵研催化剂有限责任公司
19	广州天赐高新材料股份有限公司	50	嘉宝莉化工集团股份有限公司
20	奥克控股集团股份公司	51	天津天女化工集团股份有限公司
21	多氟多化工股份有限公司	52	淄博鲁华泓锦新材料股份有限公司
22	常州强力电子新材料股份有限公司	53	荆州市江汉精细化工有限公司
23	山东泰和水处理科技股份有限公司	54	浙江新安化工集团股份有限公司
24	浙江闰土股份有限公司	55	浙江皇马科技股份有限公司
25	保定乐凯新材料股份有限公司	56	浙江医药股份有限公司
26	传化智联股份有限公司	57	天津利安隆新材料股份有限公司
27	诚志股份有限公司	58	山东尚舜化工有限公司
28	国药集团化学试剂有限公司	59	南通醋酸化工股份有限公司
29	中国石化催化剂有限公司	60	山东凯盛新材料股份有限公司
30	湖北兴发化工集团股份有限公司	61	山东金城医药化工有限公司
31	北京东方雨虹防水技术股份有限公司	62	兄弟科技股份有限公司
32	浙江卫星石化股份有限公司	63	江西黑猫炭黑股份有限公司
33	西陇科学股份有限公司	64	江苏索普化工股份有限公司
34	雅本化学股份有限公司	65	武汉有机实业有限公司
35	华宝香精股份有限公司	66	江苏傲伦达科技实业股份有限公司
36	湖南湘江涂料集团有限公司	67	滨化集团股份有限公司
37	广东光华科技股份有限公司	68	新华制药（寿光）有限公司
38	中核华原钛白股份有限公司	69	联盛化学集团有限公司
39	山东华鲁恒升化工股份有限公司	70	中盐安徽红四方股份有限公司
40	宏昌电子材料股份有限公司	71	迈奇化学股份有限公司
41	山东诺尔生物科技有限公司	72	浙江中欣氟材股份有限公司

续表

序号	企 业 名 称	序号	企 业 名 称
73	淄博齐翔腾达化工股份有限公司	87	山东京博石油化工有限公司
74	浙江扬帆新材料股份有限公司	88	浙江万盛股份有限公司
75	河北彩客化学股份有限公司	89	乐斯化学有限公司
76	山东乐化集团乐化漆业股份有限公司	90	苏州世名科技股份有限公司
77	广东德美精细化工集团股份有限公司	91	河北建新化工股份有限公司
78	沈阳张明化工有限公司	92	山东玉皇化工有限公司
79	浙江五龙新材股份有限公司	93	山东海科新源材料科技股份有限公司
80	河北亚诺生物科技股份有限公司	94	重庆紫光化工股份有限公司
81	浙江建业化工股份有限公司	95	江苏德纳化学股份有限公司
82	江苏华伦化工有限公司	96	常州新东化工发展有限公司
83	安徽天润化学工业股份有限公司	97	宜昌恒友化工股份有限公司
84	南京太化化工有限公司	98	龙口联合化学有限公司
85	浙江海正药业股份有限公司	99	浙江纳美新材料股份有限公司
86	青岛海湾精细化工有限公司	100	南京大唐化工有限责任公司

数据来源：全国精细化工原料及中间体行业协作组，赛迪智库整理，2021年8月。

第六章

生物产业

第一节　国内外生物产业发展动态

一、整体概况

（一）全球生物产业规模持续增长

目前，生物产业成为经济发展的新增长点。全球主要经济体特别是发达国家，加快布局生物产业，推动生物产业的发展。在市场、政策双重推动下，前沿技术不断突破，创新成果不断涌现，产业规模持续扩大。2020年，全球生物医药市场规模达到 15000 亿美元（约合 96975 亿元），其中美国医药市场规模约 5330 亿美元（约合 34458 亿元），中国医药市场规模约为 1500 亿美元（约合 9698 亿元）；生物能源近 500 亿美元（约合 3233 亿元），生物农业有望突破 100 亿美元（约合 647 亿元），加上生物环保、生物制造等，全球生物产业市场规模可超过 16000 亿美元（约合 103440 亿元）。我国生物产业市场规模不断扩大，生物经济成为我国经济新的增长点。以生物医药为主的生物农业、生物制造、生物环保、生物能源等产业协同发展格局基本形成。

（二）前沿生物技术不断取得颠覆性突破

随着生物技术研发投入加强，涌现出一批颠覆性创新成果。基因编辑技术适用领域更广、编辑更加精准，美国找到了新的基因编辑工具，利用新型 CRISPR/Cas 酶 SpG 和 SpRY，几乎能编辑任何序列基因组，大大提升了基因编辑能力。中国在基因编辑精准化方面也取得突破，北京大学神经科学研究所基因编辑技术向精准化迈进一步，可精准删除大鼠的特定记忆。干细胞利用技术取得突破，哈佛大学研究人员利用人类多能干细胞培养出可以长毛发的皮肤“类器官”，日本京都大学利用人诱导多能干细胞制出不受限制、可给任何人输血的血小板。脑机接口领域，西班牙米格尔·埃尔南德斯大学开发出“仿生眼睛”脑机接口系统，可直连大脑视觉皮层使患者复明。英国牛津大学通过研究大脑中细胞的工作，实现将不同经历的记忆连接起来。中国北京脑科学与类脑研究中心构建出新型光学脑－脑接口，在两只小鼠间实现了高速率的运动信息传递。合成生物学领域，德国利用细菌中发现的酶，组装了细胞中能量代谢所必需的呼吸链中的一个关键部分，这项技术可用于人造聚合物膜。美国华盛顿大学设计出一种具有分子逻辑门功能的人造蛋白质，实现“生物电路”设计的突破。生物存储和生物计算也取得突破，如在DNA存储领域，美国伊利诺伊大学厄本那－香槟分校开发出“打孔卡”DNA存储方法；在生物计算领域，利用32条DNA链，中国科学院长春光学精密机械与物理研究所开发的DNA生物计算系统可开900以内十进制整数的平方。2007—2020年全球生物技术研发费用统计如图6-1所示。

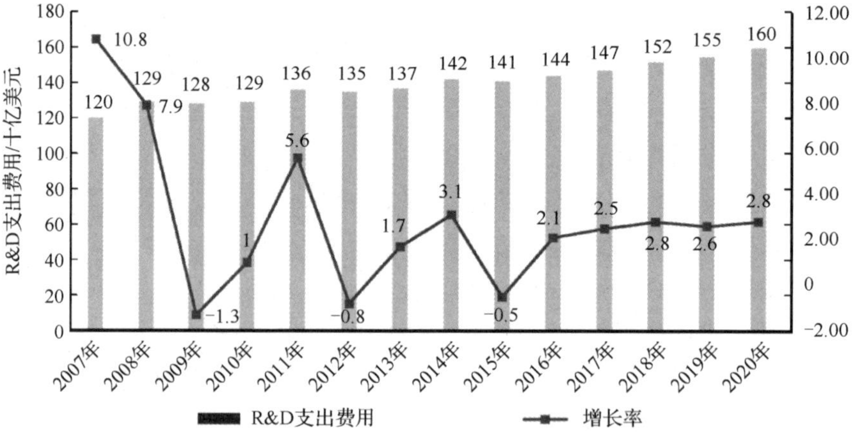

图6-1　2007—2020年全球生物技术研发费用统计

数据来源：赛迪智库整理，2021年4月

（三）世界主要经济体强化对生物产业的布局

美国、欧盟、日本等发达国家和地区，对生物产业发展非常重视，制定了生物产业发展战略或政策，支持本国生物产业发展。美国于2012年发布《国家生物经济蓝图》；2019年3月，美国生物质研究与开发理事会（BR&D）

发布的《生物经济计划：实施框架》是美国生物经济的具体实施方案，借助政府投资促进生物经济发展。加拿大于 2019 年 5 月发布该国生物经济战略——《加拿大生物经济战略——利用优势实现可持续性未来》，其核心目标是促进生物质和残余利用价值，实现自然资源的有效管理。2012 年至 2019 年，欧盟相继发布《为可持续增长创新：欧洲生物经济》《欧洲可持续生物经济：加强生物与经济、社会和环境之间的联系》《生物技术工业宣言 2019——重振欧盟生物技术雄心》等生物经济战略，从创新、知识产权保护、发展生物技术工业等方面推动生物经济发展。日本发布《生物战略 2019——面向国际共鸣的生物社区的形成》，重点发展高性能生物制造、生物材料、生物医药与细胞治疗、工业与食品生物产业等九大领域。

（四）我国生物产业创新能力持续提升

随着国家大力支持创新的政策不断出台，生物产业创新能力不断提升。《2020 中国生命科学与生物技术发展报告》中显示，自 2010 年以来，我国专利申请数量维持在全球第二位，2019 年专利授权量占全球第一位，在细胞治疗领域，论文发布量等方面都位居世界前列。创新成果转化能力不断提升，截至 2020 年 12 月，在国家药品监督管理局本年度批准的 13 款上市创新药物中，有 10 款是中国企业开发的一类创新药，如首批新冠肺炎检测试剂、国药集团中国生物新冠灭活疫苗等。在生物农业方面，山东农业大学研究团队从小麦近缘属植物长穗偃麦草中首次克隆出主效抗赤霉病基因 Fhb7，为解决小麦赤霉病世界性难题提供了可行性方案；上海交通大学和中国科学院相关团队联手破解优质蛋白玉米育成之谜，对优质蛋白玉米胚乳修饰因子分子标记开发和分子育种具有促进作用。

（五）开放合作发展向纵深推进

随着我国生物技术创新能力提升，生物产业对外合作更加深入，开始从“引进来”向“走出去”转变。2020 年，国内医药公司对外输出知识产权案例逐渐增多，交易规模也越来越大。如信达生物与罗氏合作，共同聚焦于研究、临床开发和商业化多个治疗血液肿瘤和实体肿瘤的双特异性抗体和细胞治疗产品；天境生物将与艾伯维合作，共同在全球开发 CD47 单抗 lemzoparlimab （TJC4）相关产品，并展开商业合作；基石药业牵手 EQRx，开拓肿瘤免疫疗法全球市场。国内企业向国外公司授权合作的前十位案例的协议金额超过 85 亿美元（约合 549.5 亿元）。

二、存在问题

（一）创新投入不足，原始创新短板明显

生物技术领域的创新投入与发达国家存在差距。如生物医药行业，美国生物制药公司 Celgene（赛尔基因）的研发投入金额能占到其营业收入的 40%；相比之下，我国生物医药上市公司总体研发投入强度普遍较低，最高为 18.91%，与美国研发投入最高的公司相去甚远。另外，我国生物技术创新还处于跟随创新阶段，以仿制创新为主，创新扎堆现象明显，同质化研究较多。比如，在资本助推下，国内有众多企业都加入研究 PD-1 的竞争行列。

（二）竞争力有待提升，缺乏有实力的企业

我国生物产业规模偏小，生物技术公司销售额在全球占比不到 4%，而欧美公司的销售额占全球生物技术公司总销售额的 93%。生物技术市场主体偏少，全球生物技术公司 76%位于欧美国家和地区，我国占比不到 20%。在全球 500 强公司中，相关生物医药企业共有 30 家，其中，中国只有 1 家，而美国企业总数为 19 家。在 2020 年全球十大生物技术公司中没有一家中国公司。

（三）专业人才短缺，制约产业高质量发展

生物技术是一门跨学科、多领域交叉融合的技术，迭代周期较短，更新较快。而生物产业技术人才的培育周期长，企业对海外工作背景的人才需求较高，造成我国生物产业的人才短缺，基层员工和高端人才均供不应求。特别是受新冠肺炎疫情影响，国内外人才交流受阻，加剧了生物产业研发和高级管理人员短缺。人才短缺成为我国生物产业高速高质发展的制约因素。

三、政策动态

（一）全球各国积极加强生物安全管理

新冠肺炎疫情对全球生命健康造成严重威胁，影响了产业链和供应链的安全稳定，导致经济生产、社会生活失衡失序，生物安全风险进一步泛化、

全局化，生物安全面临的挑战不断加剧。为应对生物安全带来的挑战，世界主要国家强化生物安全应对措施，共筑生物安全长城。比如，美国于 2018 年发布《国家生物防御战略》，旨在全面解决各种生物威胁，2019 年发布《全球卫生安全战略》，提出要加强世界预防、发现和应对传染病威胁的能力；俄罗斯国家杜马通过《俄罗斯生物安全法（草案）》，加快构建国家生物安全体系；英国发布《传染病战略 2020—2025》，以加强传染病防控能力，应对抗生素耐药性的上升、疫苗可预防疾病的重现及新型病原体的全球传播等问题；中国颁布《中华人民共和国生物安全法》，强化了中国防范生物安全风险和提高生物安全治理能力。

（二）我国生物产业发展政策环境不断优化

“十三五”期间，我国相继出台《“十三五”生物产业发展规划》《“十三五”生物技术创新专项规划》《“十三五”国家战略性新兴产业发展规划》等，推动生物产业不断发展。具体到 2020 年，国家从不同层面规范生物制品的生产和应用，推动生物产业健康发展。例如，国家卫生健康委、教育部、财政部、人力资源社会保障部、国家医保局、国家药监局联合印发了《关于加强医疗机构药事管理，促进合理用药的意见》；国家药品监督管理局在 6 月发布了《生物制品注册分类及申报资料要求》；第十三届全国人民代表大会常务委员会第二十二次会议在 10 月审议通过了《中华人民共和国生物安全法》，加快构建生物安全体系；国家市场监督管理总局在 12 月发布新修订的《生物制品批签发管理办法》，规范管理生物药的注册审批和批签发。

第二节　中国生物产业重点领域分析

一、生物医药

（一）发展概况

随着生物信息、生物合成、基因编辑、细胞疗法等新技术的突破，生物医药产业呈现多点开花、快速发展局面。

市场规模不断壮大。中国的生物医药产业发展起步较晚，但近年来发展势头较好。数据显示我国生物技术药市场规模呈不断上升趋势，2014—

2019 年，我国生物药市场规模从 1167 亿元增至 3172 亿元，2020 年超过 4000 亿元，复合增长率超过 20%，增速远高于全球平均水平。中国医疗器械市场规模由 2014 年的 2556 亿元增长至 2019 年的 6000 亿元，2011—2019 年复合增长率达到 20%左右，2020 年年底，中国医疗器械市场规模超 7000 亿元。

创新成果加速转化。2020 年，我国发布一系列首款新药，如首款 ADC 药物赫赛莱（恩美曲妥珠单抗）、首款 BCL-2 抑制剂唯可来（维奈克拉）、用于治疗小细胞肺癌的首款免疫疗法泰圣奇（阿替利珠单抗）、治疗头颈部鳞癌的首款靶向药物爱必妥（西妥昔单抗）、治疗胃癌的首个免疫疗法欧狄沃（纳武利尤单抗）等在生物医药领域创新成果显著，转换能力增强。医疗器械领域，受国家医疗器械行业支持政策的影响，我国医疗器械行业整体步入高速增长阶段。

产业转型升级加快。2020 年，受注册制度改革、药品上市许可持有人制度，以及一致性评价、带量采购、医保目录调整等政策影响，推动我国医药产业加速从以仿制为主向创新驱动发展转型，从以化学药为主向化学药、生物药并重发展。数据显示，2017 年，我国化学原料药产量达到峰值，近三年持续下滑，2020 年全国原料药产量为 273.4 万吨，较 2017 年减少 21.4%（见图 6-2）。目前，国产药物创新主要集中于抗肿瘤药和抗感染方向的化学药和干细胞、生物合成药等方向。

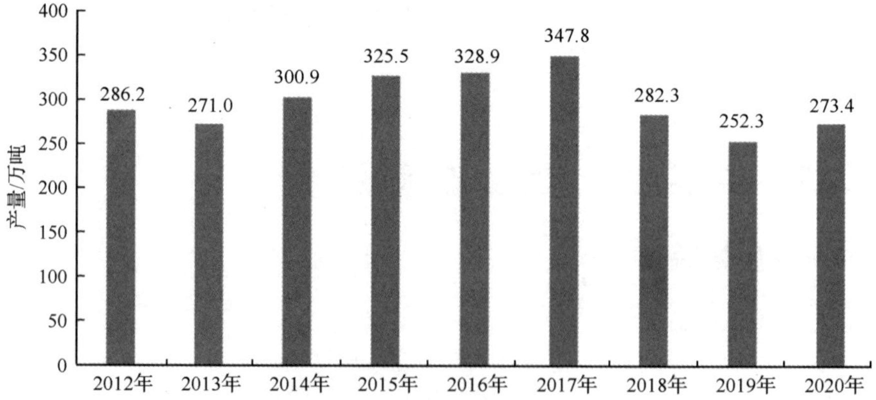

图 6-2　2012—2019 年我国化学药品原料药产量

数据来源：赛迪智库整理，2021 年 4 月

创投市场更加活跃。我国生物医药产业发展环境优化，生物技术和新药

研发是资本最关注的两大领域。据不完全统计，2020 年中国生物医药领域累计融资 260 多起，共计有 72 家公司 IPO，其中 59 家选择在科创板（37 家）和香港交易所（22 家）上市；在 A 股、港股和纳斯达克上市企业数分别为 45 家、23 家和 4 家。另据投中网数据，2020 年 1—11 月，中国 VC/PE 的医药健康领域投资规模为 241.19 亿美元，较 2019 年全年增加 60%，占到 VC/PE 投资总规模的 14%。

（二）技术进展

在生物医药领域，2020 年，上海科技大学等单位解析出首个新冠病毒蛋白质三维结构，发现依布硒和双硫仑等老药或临床药物是靶向主蛋白酶的抗病毒小分子，可用于新冠肺炎的治疗。武汉大学发现胆固醇合成机制，肝脏中的 USP20 蛋白可以作为新的降脂药物研发靶点。中国科学院上海生物化学与细胞生物学研究所、北京大学医学部等，获得了持续性更好、抗肿瘤功能更强的 CAR-T 细胞，可提高肿瘤的临床治疗功效。

二、生物农业

（一）发展概况

农业的出路在现代化，农业现代化关键在于科技进步，生物农业作为农业现代化的重要组成部分，在推动农业供给侧结构性改革、发展绿色农业方面发挥了重要的引领作用。生物农业包括生物育种、生物农药、生物肥料、生物饲料等细分领域。生物育种方面，农业农村部的数据显示，我国水稻、小麦两大作物种子实现 100%自给，育种水平与发达国家水平相当。但是，目前我国部分玉米品种依然要靠“洋种子”，在育种技术、培育品种种质资源等方面还存在不足。生物农药方面，随着《到 2020 年农药使用量零增长行动方案》的实施，我国生物源农药登记数量逐年增加，占每年登记新农药品种的比重总体呈现上涨趋势，生物源农药登记产品接近 4000 个，但总体来看，生物农药占农药市场的份额依然不到 10%。生物肥料方面，目前，我国已有微生物肥料登记产品 6000 多个，相关企业 2000 多家，其中以固氮菌生物肥料为主。生物饲料方面，2020 年，受家禽生产持续恢复、产销两旺等因素影响，我国工业饲料产量实现较快增长，工业总产值达 9463.3 亿元，同比增长 17.0%。按照禁抗限抗、环保等方面的相关规定，自 2020 年 1 月 1 日起，退出除中药外的所有促生长类药物饲料添加剂品种；自 2020 年 7 月 1 日起，饲料生产企业停止生产含有促生长类药物饲料添加剂（中药类除外）的商品饲料；2020 年 1 月 1 日前改变抗球虫和中药类药物饲料添加剂管理方式，使生物饲料规模和企业保持快速增长态势。

（二）技术进展

生物育种方面，2021 年中央一号文件提出“对育种基础性研究以及重点育种项目给予长期稳定支持，加快实施农业生物育种重大科技项目”，水稻、小麦、大豆、玉米和畜禽等在内的新品种培育和新技术研发将是国家未来长期的支持方向。生物农药方面，芽孢杆菌类生物农药研发走在国际前列。但是，总的来说，我国生物农药研发投入还较少，使得生物农药新产品种类少。生物肥料方面，微生物菌肥是生物肥料的重要内容，通过微生物技术在土壤肥料和土壤修复等方面发挥重要作用。当前，以微生物肥料优良生产菌株筛选及发酵工艺技术是技术研发的重要方向，充分发挥微生物技术对农田土壤净化修复的作用等，为微生物肥料规模产业化奠定基础。生物饲料方面，生物发酵饲料通过微生物发酵或酶降解消除原料中抗营养特性，提高生物发酵饲料中营养成分的利用率，发酵饲料使用益生菌改善畜禽胃肠道微生态环境，进而提高动物机体免疫性能，生物发酵饲料发展前景广阔，未来急需在原料选择、发酵工艺、操作规范等方面建立行业标准体系。

三、生物环保

（一）发展概况

生物环保技术主要是利用微生物的氧化、还原、吸附等作用，达到去除污染物的目的。从应用领域看，生物环保技术已从最初的污水处理领域逐步拓展到对废气和固体废弃物的处理、污染土壤生物修复、环境污染生物监测等领域。2020 年，我国明确了实现碳达峰、碳中和的时间，二氧化碳排放力争于 2030 年前达到峰值，努力争取 2060 年前实现碳中和。通过各类绿色低碳技术实现碳达峰、碳中和是重要的技术支撑。生物环保技术在水污染、土壤污染防治等领域将迎来重大发展机遇。总的来说，从市场规模看，生物环保产业规模不大，据统计，生物环保技术企业的营业额约占整体生物技术产业企业营业额的比例只有个位数。此外，中国生物环保技术起步晚，与美国、日本等生物环保产业发展较早的国家相比，生物环保技术科研成果产业化、技术产品应用推广等方面还远远不够。

（二）技术进展

生物环保技术的主要应用领域包括污水处理、土壤生物修复、大气生物净化等方面。污水处理领域是生物环保应用最多最广的领域，水、废水及污水的生物处理技术专利申请量在生物环保领域的占比最大。比如，我国市政污水处理普遍采用以活性污泥法为核心的生物处理工艺，即通过好氧微生物作用，将废水中的有机物转化为生物质及二氧化碳。但是，传统的活性污泥法存在能耗高、剩余污泥量大、产生大量温室气体、废弃物资源回收率低等问题，未来，污水处理技术将更加集中在减少能源消耗、高资源回收效率、可持续性等方向。土壤生物修复领域是生物环保技术应用的第二大领域，主要是运用微生物方法或利用酶复原受污染或毒性土壤以及相关微生物的培养。目前生物环保技术应用在土壤生物修复治理领域，主要体现在生物膜降解、过滤等方面，目前，技术进展和规模化应用还未步入产业爆发阶段。

四、生物服务

（一）发展概况

生物服务产业特指利用生物技术为生物产业（尤其是生物制药产业）提供专项技术服务，目前主要包括医药研发合同外包服务机构（CRO）和合同加工外包（CMO）两部分。近年来，我国创新药和医疗器械产业快速发展，受益于国内产业链配套、国家相关政策驱动等因素，国内 CRO 和 CMO 保持强劲增长态势。总的来说，我国生物服务市场相比于欧美发达国家，在技术服务、市场成熟度等方面还有较大差距。我国 CRO 起步晚，从 1996 年起才逐步建立 CRO 产业，随着大量承接外资药企的外包需求，国内 CRO 行业快速发展，年均复合增长率超过 20%，预计 2021 年国内 CRO 市场规模将超过 100 亿美元。从产业布局看，因药物研发是高风险、高投入、高技术的产业，生物服务产业多布局在高校和高端人才聚集、金融市场活跃的区域，目前企业多分布在北京、上海、江苏、浙江、广东等高端要素聚集、医药产业集聚的省市区域。

（二）技术进展

近年来，随着市场规模的快速扩张，CRO 和 CMO 行业面临重大的发展契机，产业技术也迎来了较快发展，同时企业竞争格局日趋激烈。CRO 产业方面，研发试验的数据采集由传统的纸质化的临床数据采集和数据管理模式向电子化的临床数据采集和数据管理等方向转变。伴随大数据、物联网、人工智能等技术的应用，部分 CRO 企业通过大数据分析，可有效提高药物研发效率，缩短新药临床试验流程，使得更多的 CRO 企业选择数字化转型道路。CMO 产业方面，我国 CMO 行业起步晚，国外企业加快在我国的产业布局，在成本、技术、人才、专利保护等方面占据竞争优势。我国目前具备一定生产规模和竞争优势的龙头企业主要集中在化学药 CMO 领域，紧随其后的是生物药 CMO 领域。随着药品上市许可人（MAH）制度政策的推动，以及生物技术人才增加和创新型企业的不断发展，我国生物药 CMO 将有更广阔的市场前景。

第三节　中国生物产业年度热点事件

一、新冠疫苗/疗法成功获批上市

2020 年各国在新冠疫苗和治疗药物方面取得重大突破，有力支持了疫情防治。主要包括：国药集团开发的灭活病毒疫苗，辉瑞（Pfizer）/Bio NTech、Moderna 开发的 mRNA 新冠肺炎疫苗，阿斯利康（AstraZeneca）/牛津大学、俄罗斯开发的腺病毒新冠疫苗等。

二、注射剂一致性评价实施

2020 年 5 月 14 日，国家药品监督管理局发布《化学药品注射剂仿制药质量和疗效一致性评价工作的公告》，注射剂一致性评价涉及 748 家药企的 820 个品种。受此项政策影响，注射剂一致性评价的申报数量大幅增加，数据显示，2020 年累计有 883 个受理号（343 个品种）申报一致性评价获受理，其中注射剂受理号申报数量最多，达 475 个，占比为 53.79%。

三、《免疫细胞治疗产品药学研究与评价技术指导原则（征求意见稿）》

2020 年 9 月，国家药品监督管理局药品审评中心（CDE）发布《免疫细胞治疗产品药学研究与评价技术指导原则（征求意见稿）》，以推动细胞治疗行业进一步规范化发展。

四、药品、原料药和医疗器械销售与进口等享受多项税收优惠政策

2020 年 9 月底，国家药监局联合海关总署、财政部、税务总局发布第二批适用增值税政策的抗癌药品和罕见病药品的清单。自 2020 年 10 月 1 日起，对 39 个抗癌药和 14 个罕见病药进行降税。12 月 23 日，财政部发布《国务院关税税则委员会关于 2021 年关税调整方案》，自 2021 年 7 月 1 日起，取消 9 项信息技术产品进口暂定税率。其中，涉及医疗方面，明确对抗癌药原料（盐酸米托蒽醌）、罕见病药原料（青霉胺）、恩格列净、阿托伐他汀钙、维格列汀、遗传物质和基因修饰生物体、人用疫苗等暂定关税都为零，同时降低人工心脏瓣膜、医用可解脱弹簧圈、助听器（不包括零件和附件）等医疗器械的进口关税。

五、带量采购范围不断扩大化且常态化

2020 年 1 月 17 日、8 月 20 日及 11 月 5 日，国家分别组织了第二轮、第三轮药品集中采购及冠脉支架集中采购，促进了医药终端价格下降。如第三轮集中采集涉及的 85 款药品平均降幅为 53%，最高降价幅度超 95%。集中采购将推动药企加速向创新方向转型。

六、康希诺生物与美国制药巨头辉瑞创新合作模式

2020 年 7 月 25 日，康希诺生物与美国制药巨头辉瑞签署协议，辉瑞将负责康希诺生物研发的四价脑膜炎球菌结合疫苗在中国市场的推广。这次合作开启了首例跨国企业负责推广，中国企业主导研发和生产的创新模式，为后续“走出去”、开展国际化提供了借鉴。

第四节　中国生物产业重点企业分析

一、2020 年中国生物医药企业 20 强

全国医药工业信息年会每年都发布年度中国医药工业百强榜，并发布生物医药子榜单。2020 年度医药工业百强榜中，有 7 家生物医药企业入选，如表 6-1 所列是 2020 年度中国生物医药企业 20 强。

表 6-1　2020 年度中国生物医药企业 20 强

排名	企业简称	企 业 名 称	2020 年第三季度营业总收入/万元
1	百济神州	百济神州（北京）生物科技有限公司	—
2	长春高新	长春高新技术产业（集团）股份有限公司	639872.88
3	智飞生物	重庆智飞生物制品股份有限公司	1104978.72
4	信达生物	信达生物制药（苏州）有限公司	—
5	华兰生物	华兰生物工程股份有限公司	307279.56
6	康泰生物	深圳康泰生物制品股份有限公司	142034.16
7	沃森生物	云南沃森生物技术股份有限公司	156676.37
8	三生制药	沈阳三生制药有限责任公司	—
9	君实生物	上海君实生物医药科技股份有限公司	—
10	荣昌生物	荣昌生物制药（烟台）股份有限公司	—
11	泰邦生物	山东泰邦生物制品有限公司	—
12	天坛生物	北京天坛生物制品股份有限公司	263579.64
13	上海莱士	上海莱士血液制品股份有限公司	203806.54
14	甘李药业	甘李药业股份有限公司	219173.47
15	通化东宝	通化东宝药业股份有限公司	218562.56
16	康方生物	中山康方生物医药有限公司	—
17	蜀阳药业	四川远大蜀阳药业有限责任公司	—
18	复宏汉霖	上海复宏汉霖生物技术股份有限公司	—
19	康宁杰瑞	江苏康宁杰瑞生物制药有限公司	—
20	康希诺生物	康希诺生物股份有限公司	—

数据来源：Wind，赛迪智库整理，2021 年 8 月。

二、2020 年中国生物农业上市重点企业

我国生物农业上市重点企业发展整体表现较好。从细分领域看，2020 年生物育种企业营业收入较 2019 年整体保持平稳增长态势；生物农药企业营业收入分化趋势明显，部分企业营业收入保持较高增速，也有部分企业营业收入较 2019 年下降幅度大；生物肥料和生物饲料企业营业收入较 2019 年增长幅度较大，有的企业营业收入较 2019 年翻一番，如正邦科技同比增长率高达 100.5%。企业情况如表 6-2 所列。

表 6-2　2020 年中国生物农业上市重点企业

企业名称	所处地区	所属细分领域	2020 年营业收入/亿元	主要产品范围
隆平高科	湖南	生物育种	32.91	业务涵盖“种业运营”和“农业服务”两大体系。种业运营方面，公司水稻、玉米、蔬菜、食葵、谷子等核心品类全球领先，小麦、棉花、油菜、马铃薯等品类快速发展；农业服务方面，新型职业农民培训、精准种植技术服务、耕地修复与开发、品质粮交易平台、品牌农业、农业金融等齐头并进
丰乐种业	安徽	生物育种	24.57	农作物种子、农药、专用肥、植物生长素、食用香料香精、薄荷脑及薄荷油
登海种业	山东	生物育种	9.01	长期从事科研开发紧凑型玉米杂交种，获得多项发明专利和多项植物新品种权，开展分子标记、单倍体诱导、细胞工程、辐射、航天等高技术育种研究工作
荃银高科	安徽	生物育种	16.02	公司以现代种业技术产业化为发展方向，利用现代生物工程技术，主要从事优良水稻、玉米、小麦等主要农作物种子研发、繁育、推广及服务业务
敦煌种业	甘肃	生物育种	9.54	种子、棉花、食品加工业务
诺普信	广东	生物农药	41.31	生物性仿生性水基化环保农药制剂、天然植物源农用松脂基植物油溶剂、控释型微胶囊农药制剂、植保无人机低空喷洒专用农药与助剂
辉丰股份	江苏	生物农药	16.42	农药杀虫剂、杀菌剂、蔬菜保鲜剂、除草剂

续表

企业名称	所处地区	所属细分领域	2020年营业收入/亿元	主要产品范围
长青股份	江苏	生物农药	30.08	除草剂、杀虫剂、杀菌剂三大系列均为“高效、低毒、低残留”农药产品
广信农化	安徽	生物农药	34.02	国内较大的以光气为原料的农药及精细化工中间体生产企业，公司是国内多菌灵产品、甲基硫菌灵产品、敌草隆产品的主要生产企业之一，生产能力位居全国前列
扬农化工	江苏	生物农药	98.31	以菊酯为核心，农药为主导，精细化学品为补充的多元化产品格局
蓝丰生化	江苏	生物农药	13.42	国内较大的以光气为原料生产农药的企业，在国内率先研发并生产甲基硫菌灵、环嗪酮、苯菌灵等产品。公司主要生产杀虫剂、杀菌剂、除草剂及精细化工中间体四大系列产品
利尔化学	四川	生物农药	49.69	主要从事高效、安全类农药的研发、生产和销售，产品包括除草剂、杀虫剂、杀菌剂三大系列共 30 余个原药、100 余个制剂品种及部分化工中间体
钱江生化	浙江	生物农药	4.30	主要生产生物农药（包括杀菌剂、杀虫剂、植物生长调节剂等）、生物兽药、生物医药中间体、饲料添加剂等多个系列产品
先达股份	山东	生物农药	18.96	主要从事安全、高效、低毒、环境友好型除草剂的研发、生产及销售，同时兼营杀菌剂、医药及农药中间体
瑞普生物	天津	生物农药	20.00	主要从事兽用生物制品和兽用制剂研发、生产、销售和技术服务
海利尔	山东	生物农药	32.27	集农药和功能性肥料研发、生产、销售于一体的大型农化集团
苏利股份	江苏	生物农药	15.59	主营业务为农药、阻燃剂及其他精细化工产品的研发、生产和销售；主要产品为百菌清、嘧菌酯等农药原药、农药制剂，以及十溴二苯乙烷和溴氢酸等精细化工产品
瀚叶股份	浙江	生物农药	5.56	国内规模最大的新型农药、兽药生产企业之一，形成了以生物化工产品为主导，以生物高科技、支农产品为主体的产业体系

续表

企业名称	所处地区	所属细分领域	2020 年营业收入/亿元	主要产品范围
国光股份	四川	生物农药	11.60	专业从事植物生长调节剂和高效水溶性肥料的研发、生产和销售，公司产品广泛应用于农业种植、园艺生产、园林养护、林业植保等领域
民和股份	山东	生物肥料	16.82	国内白羽肉鸡行业首家上市公司。主营业务包括父母代肉种鸡的饲养、商品代肉鸡苗的生产与销售。公司已初步建立起了以父母代肉种鸡饲养、商品代肉鸡苗生产与销售为核心，集肉鸡养殖、屠宰加工、有机废弃物资源化开发利用于一体的较完善的循环产业链
史丹利	山东	生物肥料	61.88	复混肥料、复合肥料、掺混肥料、有机肥料、微生物肥料、缓控释肥料、水溶肥料、水溶性肥料、有机—无机复混肥料、生物菌肥、微生物菌剂、复合微生物菌剂、土壤调理剂等
芭田股份	广东	生物肥料	21.27	主营生产绿色生态复合肥，拥有行业领先的复合肥高效技术、灌溉施肥技术、包膜包裹控释技术、农用聚磷酸铵技术、中微量元素有机螯合技术、有机碳肥技术、快速腐熟发酵等
通威股份	四川	生物饲料	442.00	动物营养、动物饲料、动物良种培育、鱼类基因工程等
正邦科技	江西	生物饲料	491.66	以种猪育种、商品猪养殖、种鸭繁育、农作物优良新品种选育、肉食品加工、饲料、兽药、生物农药、芳樟种植及芳樟产品加工、油茶种植及油茶产品加工、大米加工、相关产品的销售与技术服务，以及基于农业产业链的贷款、担保、融资租赁、资产管理为主营业务
天康生物	新疆	生物饲料	119.87	集兽用生物制品与动物疫病防治、现代生猪科学育种与养殖、饲料研发与生产、生猪屠宰加工配售于一体

续表

企业名称	所处地区	所属细分领域	2020年营业收入/亿元	主要产品范围
天邦股份	浙江	生物饲料	107.64	以绿色环保型饲料的研发、生产、销售和技术服务为基础，集饲料原料开发、动物预防保健、标准化动物养殖技术和动物食品加工于一体
新希望	四川	生物饲料	1098.25	畜禽、水产饲料产品
正虹科技	湖南	生物饲料	7.00	以研发、生产、销售饲料产品为主营业务，还从事良种猪繁育、肉食品加工、生物兽药及进出口贸易等业务
海大集团	广东	生物饲料	603.24	水产饲料、水产苗种和动保产品
大北农	北京	生物饲料	228.14	国内规模最大的预混合饲料企业，产品主要包括畜禽饲料、兽药疫苗、种猪与作物种子、农药化肥及农业互联网与金融服务等

数据来源：赛迪智库整理，2021年4月。

三、2020年中国生物环保上市重点企业

我国生物环保部分企业营业收入有所回落，主要因为疫情影响部分工程工期拖后、应收账款拖延等，企业营业收入及利润受到影响。多数企业2021年上半年营业收入情况均有好转，预计2021年生物环保企业将呈现回暖态势。企业具体情况如表6-3所列。

表6-3 2020年中国生物环保上市重点企业

企业名称	所处地区	所属细分领域	2020年营业收入/亿元	主要产品范围
碧水源	北京	水处理	96.18	集膜材料研发、膜设备制造、膜工艺应用于一体，在水处理领域拥有全产业链
启迪桑德	湖北	固废处置	85.25	城市垃圾及工业固体废弃物处置，危险废弃物处置及回收利用，城乡环境综合治理
龙净环保	福建	大气处理	101.81	除尘、脱硫、脱硝，物料输送
蒙草生态	内蒙古	生态修复	25.42	生态环境的修复、治理、保护，乡土植物的研发、生产，羊草、冰草、苜蓿等牧草、生态种子生产
重庆水务	重庆	水处理	63.50	城市供水和污水处理的投资、建设和运营管理

续表

企业名称	所处地区	所属细分领域	2020年营业收入/亿元	主要产品范围
瀚蓝环境	广东	固废处理	74.81	自来水生产供应，污水处理，固废处理
清新环境	北京	大气处理	34.84	工业烟气脱硫、脱硝、除尘
菲达环保	浙江	大气处理	31.11	除尘器、气力输送设备、烟气脱硫设备、烟气脱硝设备、污水处理设备、土壤修复设备
兴蓉环境	四川	水处理	53.71	自来水、污水处理，再生水利用，污泥处理，环保项目的投资、设计、建设、运营

数据来源：赛迪智库整理，2021年4月。

四、2020年中国生物服务上市重点企业

我国生物服务产业近年来发展势头迅猛，随着技术服务专业化能力增强，CRO和CMO行业迈入规模起量阶段，一批企业日益崛起，上市重点企业营业收入较2019年平均增速在20%左右，未来生物服务产业市场增长潜力依然很大。企业具体情况如表6-4所列。

表6-4 2020年中国生物服务产业上市重点企业

企业名称	所处地区	所属细分领域	2020年营业收入/亿元	主要产品范围
药明康德	江苏	CRO	165.35	药物研发服务、小分子药工艺研发及生产、医疗器械服务、化学服务、测试事业、毒理学服务、生物分析服务、临床服务
康龙化成	北京	CRO	51.34	化学实验服务、体外药物代谢及体外毒理、药物代谢动力分析、临床前研发服务、体内药理
泰格医药	浙江	CRO	31.92	药动药代研究、生物分析、药学研究、临床研究、仿制药一致性评价、临床服务（从Ⅰ期到Ⅳ期）
亚太药业	上海	CRO	5.15	生物科技、医药科技领域内的技术开发、技术转让、技术咨询、技术服务
昭衍新药	北京	CRO	10.76	药物筛选、药物临床前安全性评价、药理学和药效学研究、药物代谢、临床试验样本分析、食品动物科学和兽药的评价、临床试验、药物警戒

续表

企业名称	所处地区	所属细分领域	2020 年营业收入/亿元	主要产品范围
药石科技	江苏	CRO	10.22	分子砌块、定制合成、工艺研发、中试及商业化生产
成都先导	四川	CRO	2.44	围绕着 DNA 编码化合物库（DNA Encoded compound Library，DEL）技术潜心研究与创造，专注于原创新药的早期链段研发——苗头化合物和先导化合物的发现
博济医药	广东	CRO	2.60	基于 DEL 技术的药物发现阶段 CRO
凯莱英	天津	CMO	31.50	连续性反应、生物技术、多肽药物开发、高活药物生产、API 生产、制剂开发
博腾股份	重庆	CMO	20.72	药物开发、早期化学工艺研究、中间体及 API 定制开发与生产等端到端服务，CDMO 服务

数据来源：赛迪智库整理，2021 年 4 月。

第七章

新能源汽车产业

第一节　国内外新能源汽车产业发展动态

一、整体概况

（一）新能源汽车产销量呈现小幅度增长

2020年，新冠肺炎疫情对国内新能源汽车生产造成较大冲击，国内新能源汽车产量和销量于下半年开始回温，全年呈现较小幅度的增长，好于汽车产业整体增速下降的情况。根据中国汽车工业协会发布的数据，2020年，国内新能源汽车的产量为136.6万辆，同比增长7.5%；销量达到了136.7万辆，同比增长10.9%。其中，纯电动汽车的产量达到110.5万辆，增长5.4%；销量为111.5万辆，同比增长11.6%。插电式混合动力汽车的产销量分别为26万辆、25.1万辆，同比增幅分别达到18.5%、8.4%。燃料电池汽车的产销量均为0.1万辆，同比分别下降了57.5%和56.8%[①]。

从全球看，与汽车行业整体下滑的趋势不同，全球电动汽车销量呈现逆势增长。瑞典EV-volumes公司的统计数据显示，2020年全球的电动汽车总销量达到324万辆，同比增长43%。分地区看，欧洲新能源汽车销量登记为139.5万辆，同比增长137%，销量首次超过了中国。欧洲的电动汽车市场规模和所占份额继续提高，从2019年的3.3%增长到2020年的10.2%。日本

① 工业和信息化部：《2020年12月汽车工业经济运行情况》，工业和信息化部网站，2020年。

2020 年电动汽车销量为 31 万辆，增速同比下降 28%。美国电动汽车年销量为 328 万辆，同比增长 4%[①]。

（二）前沿和创新技术取得重要突破

世界新能源汽车大会科技委员会开展了 2020 年全球新能源汽车前沿及创新技术的评选活动，并于 2020 年的世界新能源汽车大会上发布评选结果。此次评选，共入选了 7 项创新技术和 7 项前沿技术，可以代表年度新能源汽车技术创新的成果。7 项创新技术分别为：高集成刀片动力电池技术，面向海量场景的自动驾驶云仿真平台技术，动力电池高效成组 CTP 技术，一体化大功率燃料电池系统技术，800 伏碳化硅逆变器技术，基于昇腾 AI 的自动驾驶云服务技术，车用金属双极板燃料电池电堆技术。7 项前沿技术分别为：高电压镍锰酸锂正极材料及电池技术，新型无氟碳氢质子交换膜技术，基于 3D 结构复合载体的铂基合金催化剂技术，聚合物复合固态电解质技术，智能驾驶感知计算平台技术，高功率密度硅基氮化镓功率模块技术，扇形模组轴向磁场轮毂电机技术[②]。

（三）行业竞争推动市场格局不断分化

2020 年，国内新能源汽车行业进一步洗牌分化。传统领军企业如北汽新能源、吉利汽车等销量增长不佳，观致、力帆、海马汽车企业陷入经营困境，更有长江汽车、众泰新能源企业宣布破产。同时，蔚来、小鹏、理想等造车新势力初步形成“三足鼎立”的局面。蔚来汽车坚持全车系高端品牌路线，单车平均售价在国产主机厂商中最高，2020 年整车交付量超过 43700 辆，同比增长一倍以上。小鹏汽车制定和实施了智能化路线，2020 年总交付量超过 27000 台，同比增长 112.5%，小鹏 P7 成为主销车型。理想汽车生产的理想 ONE 全年累计交付量达 32624 辆。2020 年，特斯拉在中国市场的销量迎来大爆发，国产 Model 3 全年销售 137459 辆，其价格和性能优势对中国自主品牌产品造成压力。

---

① 贾新光:《2020 全球电动汽车销量逆势大涨：中国新能源汽车市场全球第一》,《汽车评论》，2021 年。

② 中国新闻网:《2020“全球新能源汽车前沿及创新技术”评选结果发布》，2020 年 9 月 28 日。

二、存在问题

（一）产业链、供应链安全问题需高度重视

2020 年，新冠肺炎疫情凸显了我国新能源汽车产业链、供应链存在的问题。目前，我国新能源汽车的自主开发率相对较低，瓶颈技术和产品还很多，自主安全可控能力仍然不强。例如，大多数汽车芯片依赖进口，新能源汽车、智能网联汽车的芯片应用远高于传统燃油车，由于疫情蔓延和国外封锁，我国新能源汽车遭受缺芯之痛，当前和今后的生产受到影响。动力电池部件中，2020 年上半年日韩企业的电芯占比高达 17%，德国和美国的驱动电机占比达到 30%。今后，要加强新能源汽车产业链的强链、补链，塑造富有弹性、更安全、更有效率的供应链，围绕驾乘安全、全气候使用等加强核心技术攻关，攻克动力电池、车用芯片、车载系统等关键技术。

（二）质量安全仍是新能源汽车发展隐忧

2020 年，电动车自燃、起火等事故仍然呈增加趋势。据不完全统计，全年媒体报道电动车起火事故超过 120 起，比 2019 年明显增多。2020 年我国共有 199 次汽车召回活动，召回汽车的数量达到 678.2 万辆，其中新能源汽车召回 31 次，涉及汽车 9.41 万辆，其中包括特斯拉、理想、力帆等企业。根据国家市场监管总局的统计，在 2020 年召回的新能源汽车总量中，三电系统缺陷占到了总数的 31.3%，其中动力电池仍是召回的主要原因。

三、政策动态

（一）行业管理规范政策

2020 年 4 月，工业和信息化部修改《乘用车企业平均燃料消耗量与新能源汽车积分并行管理办法》，明确了 2021—2023 年新能源汽车积分比例要求，增加了引导传统乘用车节能的措施，建立了节能与积分结转的关联机制等；5 月，国家市场监督管理总局、国家标准化管理委员会批准发布了《电动客车安全要求》《电动汽车安全要求》《电动汽车用动力蓄电池安全要求》等三项强制性国家标准；10 月，国务院办公厅印发《新能源汽车产业发展规划（2021—2035 年）》，该规划提出坚持电动化、网联化、智能化发展方向，到 2025 年，新能源汽车市场竞争力明显增强，动力电池、驱动电机、车用

操作系统等关键技术取得重大突破，安全水平全面提升。在具体目标方面，提出纯电动乘用车新车平均电耗降至 12.0kW·h/100km 的技术指标，新能源汽车新车销售量达到汽车新车销售总量的 20%左右。

（二）基础设施建设政策

2020 年 3 月，上海市政府发布《上海市促进电动汽车充（换）电设施互联互通有序发展暂行办法》，通过度电补贴和示范站建设等，着力解决“找好桩难”问题、缓解“进老小区难”问题、破解充电安全监管难问题等。云南省昆明市政府提出，按照“车桩相随、布局合理、智能高效”的原则和目标建设充电设施体系，逐步与电动汽车拥有量相适应，对公共基础设施充电服务费做出了限制，并要求规模化运营企业逐步降低充电服务费。2020 年 9 月，西安市政府办公厅印发《西安市推进新能源汽车充电基础设施建设三年行动方案（2020—2022 年）》，提出到 2022 年年底，新建投运公共充电场站、公共充电桩、专用充电场站、专用充电桩等的计划建设目标。

（三）推广和应用等政策

2020 年 4 月，财政部、工业和信息化部、科技部、国家发展改革委等部门印发通知，调整完善新能源汽车补贴政策，将年底到期的新能源汽车购置补贴政策延长 2 年，并适当优化了技术指标等。2020 年 9 月，财政部、工业和信息化部等五部门发出通知，部署开展燃料汽车示范应用。通知中，提出调整此前的购置补贴政策，今后将对示范应用活动进行支持，采取“以奖代补”的方式，对符合条件的城市群给予奖励。重庆市出台 2020 年度支持新能源汽车推广应用激励措施，鼓励整车企业加快拓展私人用户市场，对网约出租车、巡游出租车、基层公务出行租赁用车等按标准和条件给予奖励。昆明市出台政策，要求有关机构新增和更新的公务车辆，原则上全部采购和使用新能源汽车，公务出行租赁用车原则上全部使用新能源汽车。

第二节　中国新能源汽车产业重点领域分析

一、整车制造

2020 年，国内新能源汽车整车企业日益分化为传统车企和新势力车企两大阵营，并展现不同的制造思路和商业模式。传统车企一般脱胎于传统燃油汽车企业，产业链高度垂直分工、供应体系庞大，技术和规模化优势明显。例如，比亚迪开发的 e 平台，依靠核心技术的模块化集成，推动实现了高效驱动三合一、高压总成三合一，精简了汽车机械结构，在兼顾经济性的前提下提升了续航里程和质量可靠性。但传统车企在面向市场和用户的灵活性方面有所不足，无论是产品生产过程的用户参与，还是汽车售后的用户关系维护等，目前仍然缺少个性化、定制化的安排。

新势力车企则呈现另外一番造车思路。如在产品导向上，蔚来、小鹏及新晋的互联网造车企业等，以用户需求为核心定义产品，其产品线系列多以 A、B 级纯电动 SUV 为主切入新能源汽车市场，面向的受众主要是年轻消费群体，整车产品呈现智能化、网联化等特征。在销售模式上，与传统车企以 4S 店为主的经销渠道不同，多为线下体验店、线上订购，以及直营店等形式，售后服务过程中与用户保持较高的紧密度，在提供售后维保、维护用户权益、举办车主活动等方面给予用户更多的切实关怀。

二、动力电池

（一）发展概况

2020 年，国内动力电池产量累计达到 83.4GWh，同比下降 2.3%。其中，三元锂电池的累计产量为 48.5GWh，占总产量的 58.1%，累计同比下降 12.0%；磷酸铁锂电池共计生产 34.6GWh，占动力电池全部产量的 41.4%，同比增长 24.7%。从装车量看，2020 年三元锂电池全年装车量达到 38.9GWh，占总装车量的 61.1%，同比下降 4.1%；磷酸铁锂电池的累计装车量达到 24.4GWh，占比达到 38.3%，同比增长 20.6%。分车型看，新能源乘用车动力电池装车量为 47264.9MWh，同比增长 12.0%；商用车动力电池装车量为 16373.1MWh，同比下降 18.2%。

（二）技术进展

在国家大力支持和企业技术创新的推动下，动力电池及关键材料技术取得了重要进展，动力电池的能量密度逐年提高。总体上，磷酸铁锂电池的能量密度达到了 170～190W・h/kg。宁德时代、比亚迪等动力电池龙头企业开发了大容量的铁锂电池，在大型客车领域实现了规模化配套。三元高比能电池的能量密度总体达到（230±30）W・h/kg。在大巴车领域，锂离子快充电池的能量密度达到了 120 W·h/kg，15 分钟的充电量可以达到 80%。从具体技术看，比亚迪高集成刀片动力电池技术，突破了传统工艺制约，攻克了超薄铝壳焊接技术，开发出长宽比为 10∶1、厚度为 0.3mm 的超长、超薄铝壳刀片电池，实现超长尺寸电芯的紧密排列，体积集成效率超过 60%。宁德时代的动力电池高效存储无模组（Cell to Pack，CTP）技术，突破了单体、模组、电池包三级存储的设计，实现了单体和电池包两级存储，提升了体积存储效率，零部件数量减少 25%。

三、充电基础设施

（一）发展概况

据中国电动充电基础设施促进联盟的统计，公共充电桩方面，截至 2020 年 12 月，我国公共充电桩保有量为 80.7 万台，较上一月的保有量增加了 11.2 万台，环比增长 16.1%。其中，直流充电桩 30.9 万台、交流充电桩 49.8 万台、交直流一体充电桩 481 台。充电站方面，9 家运营商的充电站建设数量超过 1000 座，如特来电充电站 17064 座、国家电网充电站 15721 座、星星充电站 8817 座、依威能源充电站 6692 座。公共充电基础设施建设区域趋于集中，公共充电桩方面，北京以超过 87600 台、广东以超过 85800 台、上海以超过 85500 台的数量，位居前三名；公共充电站方面，广东以 6527 座、江苏以 6229 座、上海以 5927 座的数量排前三名。北京、广东、上海、江苏、浙江等前十名的地区建设的公共充电基础设施占比超过了 72%。

（二）运营模式

目前，公共充电桩、充电站的主流运营模式主要有三种，即由充电运营商主导、由企业主导和众筹模式。在充电运营商主导的模式下，制造厂商自建自营或合资共建充电桩设备，以充电为主业、辅之其他增值服务，特点是具有统一的运营平台、利益分担方式规范，经营风险比较分散。在企业主导模式下，交通运输、电网、电动汽车企业等主导建设运营活动，把充电桩、充电站建设纳入企业所在的产业链整体考虑，作为服务化延伸，追求盈利最大化，经营管理水平一般较高。在充电桩、充电站的众筹建设经营模式下，由企业等出资方联合入股，吸纳社会资本较广泛，运营模式创新能力较强，更加注重用户体验。

第三节　中国新能源汽车产业年度热点事件

一、新能源汽车产业发展规划正式印发

2020 年 11 月，国务院办公厅正式印发《新能源汽车产业发展规划（2021—2035 年）》（以下简称《规划》），要求未来 15 年我国新能源汽车产业发展要坚持电动化、网联化、智能化方向，到 2025 年，纯电动乘用车新车平均电耗降至 12.0kW · h/100km，新能源汽车新车销售量达到汽车新车销售总量的 20%左右，高度自动驾驶汽车实现限定区域和特定场景商业化应用；到 2035 年，纯电动汽车成为新销售车辆的主流，公共领域用车全面电动化，燃料电池汽车实现商业化应用，高度自动驾驶汽车实现规模化应用。值得注意的是，《规划》中重新定义了“三横三纵”中的“三横”，即把“多能源动力总成系统、电机驱动系统和控制单元、动力电池和电池组管理系统”改为“动力电池与管理系统、驱动电机与电力电子、网联化与智能化技术”，更加强调网联化与智能化对新能源汽车产业发展的重要作用，提出加快车用操作系统开发应用，未来将有更多的互联网企业与车企联手合作，打造新能源汽车产业发展新生态。

二、外资车企强势联姻国内电池企业保供应链安全

2020 年，全球动力电池装机量超过 135GWh，其中在前十名企业里我国电池企业占据 6 个席位，分别是宁德时代、比亚迪、中航锂电、远景 AESC、国轩高科和亿纬锂能，合计市场份额超过了 40%，位居第一名。值得注意的是，外资车企看到我国电池企业受到国际认可后，与我国电池企业开展了越来越多的合作，如 2020 年 2 月，美国特斯拉与宁德时代签署了为期两年的电池供应合约，宁德时代将从 2020 年 7 月至 2022 年 6 月为特斯拉在上海工厂生产的 Model 3 供应动力电池；2020 年 10 月，德国宝马集团与惠州亿纬锂能开展定点项目“BK 48V”，亿纬锂能将向宝马集团提供与宝马混动车型配套的 48V 电池系统等。除了合作外，丰田、大众、奔驰等知名跨国车企也通过设立合资公司、入股方式，在中国布局动力电池产业版图。2020 年 4 月，丰田与比亚迪合资成立比亚迪丰田电动车技术有限公司，旨在开发出受国内消费者喜爱的性能优异的纯电动车；2020 年 5 月，大众中国以 11 亿欧元（约合 88 亿元）入股国轩高科，占据 26.47%的股份，成为第一大股东；2020 年

7 月，梅赛德斯-奔驰入股孚能科技，占据 3%的股份，开展高新电芯技术的开发和产业化研究。

三、比亚迪刀片电池重新燃起动力电池技术路线之争

磷酸铁锂电池与三元锂电池之争由来已久，磷酸铁锂电池因材料成本低、安全性高等优势盛行了一段时间，但由于电池容量和能量密度明显低于三元锂电池，加之补贴政策驱使，使得三元锂电池装机量高达七成，但随着补贴政策退坡、政策红利减弱、行业发展越发成熟，安全性更高、循环寿命更强、经济性更好的磷酸铁锂电池重新被重视起来，特别是刀片电池的问世。2020 年 3 月，比亚迪正式发布刀片电池超级包，电池单体长 96cm、宽 9cm、高 1.35cm，通过结构创新减少冗余零部件，形成 CTP 结构，电池单体容量能从 2008 年的 45.0Ah 提升到目前的 138.5Ah，电池体积利用率能从 40%提高到 60%，电池容量和续航水平可与三元锂电池媲美，重新燃起动力电池技术路线之争。

四、三部门开展新能源汽车下乡活动

据不完全统计，我国农村地区有超过 700 万辆的三轮车和低速电动车，造成安全隐患，急需进行产品置换。为促进农村地区新能源汽车推广应用，引导农村居民出行方式升级，助力美丽乡村建设和乡村振兴战略，2020 年 7 月，工业和信息化部、农业农村部、商务部联合发布了《关于开展新能源汽车下乡活动的通知》，从 7 月至 12 月在农村地区推广北汽 EC3、宝骏 E100/E300、宏光 MINI EV、欧拉 R1/IQ、长安奔奔 E-Star、奇瑞 EQ1、江淮 IEV6E、比亚迪元/E1/E2/E3、哪吒 N01、东风新能源 EX1 等新能源汽车，重点在海口、昆明、成都、太原等城市举办专场活动。活动开始后 4 个月，新能源汽车销量已超过 18 万辆，在免收购置税的基础上，还能享受任性置换、金融免息等多重惠民条款，且能耗成本远远低于燃油车能耗成本，备受农村地区消费者青睐。

五、车企临危受命跨界投产口罩生产

汽车内饰隔音棉会采用大量熔体质量流动速率在 33～41g/min 的聚丙烯，这也是医用口罩生产的关键原材料。工业和信息化部数据显示，我国口罩产能每日为 2000 多万只。但因新冠肺炎疫情集中暴发初期，每日口罩需

求量过亿只，口罩生产缺口异常庞大。为解决供应危机，上汽通用五菱、比亚迪、广汽集团等车企迅速“转战”口罩生产，联合上游材料供应商，新设口罩生产线，加速口罩生产。截至 2020 年 3 月底，比亚迪口罩日产量达到 1000 万只。2020 年 4 月，比亚迪与日本软银达成协议，每月向日本无利润提供约 3 亿只口罩；6 月，比亚迪与美国加州政府签署超 10 亿元口罩订单，支持全球抗击新冠肺炎疫情，成为全球最大的口罩生产商。

第四节 中国新能源汽车产业重点企业分析

一、2020 年中国新能源汽车销量 TOP10 企业

2020 年，我国新能源汽车销量增速实现由负转正，2011—2020 年销量年均复合增长 76.56%。乘用车仍旧占据主要市场，销量占比高达 91.15%，商用车占比为 8.85%；纯电动汽车销量远高于插电式混合动力汽车和燃料电池汽车，其中，纯电动汽车销量占比超过 80%，插电式混合动力汽车占比不足 20%，燃料电池汽车占比不足 0.1%。销量前十名的车企中，比亚迪、上汽通用五菱、特斯拉位列前三名，销量分别为 183229 辆、165609 辆、138069 辆，合计占全部新能源汽车销量总数的 35.6%，第四位到第十位分别为上汽乘用车、广汽新能源、长城汽车、蔚来汽车、奇瑞汽车、一汽大众和上汽大众；人气车型中特斯拉 Model 3、宏光 MINI EV、欧拉 R1 备受消费者青睐。特斯拉 Model 3 自国产以来降价幅度已超过 10 万元，官方声明是得益于先进的软件技术和效能优化，但马斯克仍旧认为特斯拉的售价不够亲民，应用微薄的利润让销量增长最大化。事实上，特斯拉的市场竞争“对手”已经出现，自宏光 MINI EV 上市以来，微型新能源汽车的市场接受度迅速高涨，2021 年 3 月，宏光 MINI EV 销量以 29413 辆超越特斯拉 Model 3，成为月度销量冠军。如表 7-1 所列为 2020 年我国新能源汽车销售 TOP10 车型。

表 7-1 2020 年中国新能源汽车销售 TOP10 车型

排名	车　型	2020 年销量/辆	同比变化/%
1	特斯拉 Model 3	137459	—
2	五菱宏光 MINI EV	112758	—
3	欧拉 R1	46774	64.1
4	埃安 Aion S	45626	40.4
5	全新秦 EV	41219	1279.0

续表

排名	车　型	2020 年销量/辆	同比变化/%
6	奇瑞 eQ	38249	-2.9
7	理想 ONE	32624	3070.5
8	比亚迪汉	28772	—
9	蔚来 ES6	27945	144.4
10	宝马 5 系 PHEV	23433	-9.5

数据来源：中国乘用车市场信息联席会，2021 年 1 月。

二、2020 年中国电池行业百强企业

2020 年 11 月，根据企业申报数据和上市公司年报数据，中国化学与物理电源行业协会发布了“2019 年度中国电池行业百强企业名单”①（见表 7-2）。从榜单可知，百强企业均以动力电池系统、材料为主力产品，随着新能源市场的需求进一步增长，上游新能源材料市场将更为广阔。

表 7-2　2019 年度中国电池行业百强企业名单

序号	企 业 名 称	主 要 产 品	营业收入/万元
1	宁德时代新能源科技股份有限公司	动力电池系统、储能系统、锂电池材料	4578802
2	天能动力国际有限公司	铅酸蓄电池、锂离子电池、再生资源产品及贸易等	4061356
3	宁德新能源科技有限公司	聚合物锂离子电池	2880586
4	超威动力控股有限公司	铅酸蓄电池、锂离子电池	2718173
5	欣旺达电子股份有限公司	手机、笔记本电脑用锂离子电池组，动力锂离子电池等	2003454
6	深圳市德赛电池科技股份有限公司	锂离子电池组及电池管理系统	1844268
7	深圳市比亚迪锂电池有限公司	锂离子电池、锂锰氧材料、电源系统等	1758174
8	东莞新能德科技有限公司	消费电子用锂离子电池及其零件	1255570

① 中国化学与物理电源行业协会：《2019 年度中国电池行业百强企业名单》，全国能源信息平台，2020 年。

续表

序号	企业名称	主要产品	营业收入/万元
9	风帆有限责任公司	铅酸蓄电池、锂离子电池等	998717
10	骆驼集团股份有限公司	铅酸蓄电池、再生铅等	902339
11	浙江南都电源动力股份有限公司	阀控密封铅酸电池，锂离子电池	900844
12	格林美股份有限公司	三元前驱体、三元正极材料、四氧化三钴、钴酸锂、硫酸镍、硫酸钴等	897025
13	北京和中普方新能源科技有限公司（普莱德）	乘用车类动力电池系统、乘用车类电池系统总成	844239
14	理士国际技术有限公司	铅酸蓄电池及回收铅	836272
15	飞毛腿（福建）电子有限公司	消费电子用锂离子电池组	731404
16	双登集团股份有限公司	铅酸蓄电池、锂离子电池、储能电池及其系统等	703476
17	厦门厦钨新能源材料有限公司	锂电正极材料和镍氢合金等	697919
18	广州市虎头电池集团有限公司	锌锰电池	647931
19	惠州亿纬锂能股份有限公司	锂原电池、消费电子电池、动力储能电池&系统	641164
20	三星环新（西安）动力电池有限公司	新能源汽车用及储能用锂离子电池	595150
21	天津力神电池股份有限公司	锂离子电池	560581
22	珠海冠宇电池有限公司	聚合物锂离子电池	536605
23	天齐锂业股份有限公司	锂矿、锂化合物及衍生品	484062
24	江西赣锋锂业股份有限公司	锂矿锂系列产品及锂电池	476378
25	贝特瑞新材料集团股份有限公司	锂离子电池用正负极材料等	439006
26	国轩高科股份有限公司	动力锂离子电池	432098
27	东莞新能源科技有限公司	聚合物锂离子电池	430384
28	天津三星视界有限公司	锂离子电池	419840
29	宁波容百新能源科技股份有限公司	锂离子电池用三元正极材料及其前驱体	418967
30	无锡先导智能装备股份有限公司	锂离子电池设备及设备整线解决方案	381165
31	兰州金川新材料科技股份有限公司	电钴、四氧化三钴、三元前驱体产品	376261
32	湖南杉杉能源科技股份有限公司	锂离子电池正极材料	372029
33	广州鹏辉能源科技股份有限公司	锂铁电池、锂锰电池、锌空电池、镍氢电池、锂离子电池等	330845
34	中银（宁波）电池有限公司	碱性锌锰电池	324052

续表

序号	企业名称	主要产品	营业收入/万元
35	深圳市比克动力电池有限公司	锂离子电池	314833
36	江西紫宸科技有限公司	锂离子电池用负极材料	305496
37	天津巴莫科技有限责任公司	锂离子电池正极材料	304289
38	江苏海宝电池科技有限公司	铅酸蓄电池	299021
39	深圳市雄韬电源科技股份有限公司	化学电源、新能源储能、动力电池、燃料电池	293182
40	上海空间电源研究所	太阳电池、镉镍电池、氢镍电池、锌银电池、锂离子电池等	291073
41	福建南平南孚电池有限公司	碱锰电池、锌锰电池、锂离子电池	282120
42	三星（天津）电池有限公司	圆柱形锂离子电池	277697
43	上海杉杉科技有限公司	锂离子电池负极材料	254930
44	浙江美都海创锂电科技有限公司	锂离子电池正极材料及前驱体	244660
45	贵州振华新材料股份有限公司	锂离子电池正极材料	243049
46	北京当升材料科技股份有限公司	锂离子电池正极材料及多元前驱体等	217681
47	成都川西蓄电池（集团）有限公司	铅酸蓄电池	216230
48	巨江电源科技有限公司	铅酸蓄电池	215112
49	香港豪鹏科技有限公司	镍氢电池、锂离子充电电池、电源系统解决方案	213102
50	深圳市科达利实业股份有限公司	锂电池精密结构件	206789
51	中山天贸电池有限公司	锂离子电池	203842
52	宁波维科电池有限公司	锂离子电池	199656
53	中航锂电科技有限公司	锂离子动力电池	198906
54	上海恩捷新材料科技有限公司	锂离子电池隔膜、湿法基膜和功能性涂布膜	195204
55	山东圣阳电源股份有限公司	铅蓄电池、铅炭电池、锂离子电池、新能源系统等	185655
56	天津国安盟固利新材料科技股份有限公司	锂离子电池正极材料	180000
57	山东淄博迪生电源有限公司	锂离子电池、锂聚合物电池、氢镍电池、镉镍电池	173072
58	江苏海四达电源股份有限公司	锂离子、镍系二次电池及电池材料、电池极板、电池管理系统等	172085
59	广州天赐高新材料股份有限公司	锂离子电解液、电解质、正极材料等	169812

续表

序号	企业名称	主要产品	营业收入/万元
60	金霸王（中国）有限公司	碱性锌锰电池	149802
61	桑顿新能源科技有限公司	锂离子电池、锂离子电池材料等	148283
62	卧龙电气集团浙江灯塔电源有限公司	铅酸蓄电池、锂电池	145986
63	河南科隆新能源股份有限公司	高性能动力电池及电池正极材料	144121
64	四川长虹新能源科技股份有限公司	碱锰电池、锌锰电池、锂离子电池	141682
65	湖南丰日电源电气股份有限公司	铅酸蓄电池、直流电源设备、高低压成套设备	141551
66	旭派电源有限公司	铅酸蓄电池	138720
67	湖南科力远新能源股份有限公司	镍氢电池、锂离子电池、泡沫镍及镍氢电池电极片	137588
68	张家港市国泰华荣化工新材料有限公司	锂离子电池用电解液	136721
69	深圳市赢合科技股份有限公司	锂电池专用生产设备	135111
70	浙江杭可科技股份有限公司	充放电设备和内阻测试仪等	130683
71	漳州市华威电源科技有限公司	铅酸蓄电池	116214
72	福建省闽华电源股份有限公司	铅酸蓄电池	114200
73	哈尔滨光宇集团股份有限公司	阀控式铅酸蓄电池、镍氢电池及锂离子电池	112888
74	天津杰士电池有限公司	铅酸蓄电池	111977
75	深圳新宙邦科技股份有限公司	锂离子电池电解液、锂一次电池电解液	111832
76	山东中信迪生电源有限公司	锂离子电池、锂聚合物电池、氢镍电池	110286
77	杭州长命电池有限公司	锌锰电池	110188
78	深圳市德方纳米科技股份有限公司	纳米磷酸铁锂、碳纳米管导电液	105409
79	广东博力威科技股份有限公司	消费电子用、储能用锂离子电池	102629
80	浙江野马电池股份有限公司	碱锰电池、锌锰电池	101414
81	新乡天力锂能股份有限公司	镍钴锰酸锂、镍钴铝酸锂、磷酸铁锂	100963
82	湘潭电化科技股份有限公司	电解二氧化锰、锰酸锂正极材料和高纯硫酸锰	98895
83	广东品胜电子股份有限公司	锂离子电池组	98723
84	江苏天鹏电源有限公司	锂离子电池	96463
85	江西京九电源科技有限公司	铅酸蓄电池	93444

续表

序号	企业名称	主要产品	营业收入/万元
86	蜂巢能源科技有限公司	动力电池包	92959
87	临沂市华太电池实业公司	锌锰电池	92875
88	宁波东海蓄电池有限公司	铅酸蓄电池	92552
89	英德市科恒新能源科技有限公司	锂离子电池正极材料	90931
90	深圳市浩能科技有限公司	锂离子电池生产设备	85007
91	荷贝克电源系统（武汉）有限公司	铅酸蓄电池	83831
92	四川长虹电源有限责任公司	锂离子蓄电池、充电器及电源系统、镍镉蓄电池、锌银蓄电池、铁镍蓄电池、镍氢蓄电池	80505
93	上海西恩迪蓄电池有限公司	铅酸蓄电池	79166
94	广东佳纳能源科技有限公司	三元前驱体	79011
95	安徽迅启蓄电池有限公司	铅酸蓄电池	76457
96	松下蓄电池（沈阳）有限公司	铅酸蓄电池	73785
97	湖南雅城新材料有限公司	锂电池正极材料前驱体	73516
98	深圳市新嘉拓自动化技术有限公司	涂布机	72576
99	河北奥冠电池有限责任公司	铅酸蓄电池	71871
100	青岛乾运高科新材料股份有限公司	锂离子电池正极材料锰酸锂、镍钴锰酸锂	71462

数据来源：中国化学与物理电源行业协会，赛迪智库整理，2021年8月。

第八章

新能源产业

第一节　国内外新能源产业发展动态

一、整体概况

（一）全球新能源产业继续保持稳中有升的发展态势

随着新一轮技术革命和产业变革加速演进，全球新能源技术快速发展，产业规模不断扩大，对人们生产生活的各个领域影响日益突出。各国高度重视能源转型，将发展新能源产业视为提升本国能源安全和抗风险能力、抢占未来产业高地的重要保障，研发活动层出不穷，各类市场化应用技术逐渐增多，资本市场对新能源的重视程度也在不断提升。据彭博新能源（Bloomberg NEF）数据，全球对可再生能源的当年投资额度已经接连七年超过 2500 亿美元（约合 16163 亿元），2020 年全年累计达到 3035 亿美元（约合 19621 亿元），同比增长约 2%，创下近三年新高。在可再生能源的各个领域中，太阳能发电最受投资市场青睐，获得了 1486 亿美元（约合 9607 亿元）的投资，同比增长 12%；风电领域尽管投资同比下降了约 6%，但也达到了 1427 亿美元（约合 9226 亿元）；生物质能和废物能源的融资比例同比下降约 3%，达到 100 亿美元（约合 647 亿元）。2020 年，中国对可再生能源投资额度达到了 836 亿美元（约合 5405 亿元），是全球投资力度最大的国家；欧盟对可再生能源的投资由 2019 年的 543 亿美元（约合 3510 亿元）进一步扩大至 2020 年的 818 亿美元（约合 5288 亿元），年度投资额同比涨幅接近五成；美国可再生能源投资出现明显滑坡，2020 年仅为 493 亿美元（约合 3187 亿元）；而日本、英国、荷兰、西班牙加大了对可再生能源的投资，上述四国 2020 年投资都超过了100亿美元（约合647亿元）。据国际可再生能源署（IRENA）报道，2020年全球可再生能源新增装机容量已经超过了260吉瓦（GW），太阳能和风电仍是可再生能源新增装机的主力，两者占新装机总容量的91%。中国和美国作为全球最大的两个经济体，中国于2020年新增可再生能源新增装机容量达到136GW，美国达到了29GW。埃信华迈（IHS Markit）研究认为，清洁能源将成为未来各国发展的重点，并预测2021年全球可再生能源装机容量将进一步提升，太阳能和风电将继续成为可再生能源领域市场青睐的宠儿，装机容量有望再创历史新高。

（二）各国加快新能源产业各领域布局

光伏能源。集邦新能源（Energy Trend）研究认为，中国、美国、印度、日本及荷兰仍是全球光伏能源使用的主要市场；同时，随着亚太地区新兴国家的高速发展，光伏能源在这些地区的应用比例将不断扩大。埃信华迈研究认为，中国仍将是全球最受瞩目的光伏能源国，但随着新兴国家光伏能源的崛起和新增装机容量超过吉瓦级的国家将持续涌现，全球光伏能源市场集中度将进一步下降，大型市场对全球的贡献率也会逐步下滑。

风能。全球风能委员会（GWEC）研究表明，中国和美国作为全球两大风能市场，风能新增装机容量占全球比例超过五成。受新冠肺炎疫情影响，全球部分风能项目延期安装交付，预计2021年全球风能装机量得到大幅提升。全球风能委员会研究认为，按照2020年风电装机量计算，风能每年能够帮助全球减少二氧化碳排放量超过11亿吨，这与南美洲所有国家一年的碳排放总量相当。

核能。世界核协会（WNA）研究表明，2020年全球使用核电的国家共有32个，较上一年度增加了2个；在服役的核电机组共计441台，较上一年度减少了1台；装机容量达到392.4GW，与上一年度基本持平；2020年全球只有中国和土耳其两个国家新开工建设了5台核电机组，但也有6台核电机组永久关闭，其中美国、法国各2台，俄罗斯、瑞典各1台。多个国家制定的经济复苏计划中都涉及核能项目建设，日本提出要最大限度地开发使用核能，南非将继续尽最大努力建设核电项目。

氢能。据彭博新能源报道，2020年全球氢能投资较上一年度下降了近两成，约15亿美元（约合97亿元），但仍为有统计以来第二高的一年。尽管投资有所下降，但各国布局氢能源的热情仍然高涨。截至2020年年底，G20

国家中有9个已经提出了较清晰的氢能发展方向，美国、日本、澳大利亚将氢能源发展规划上升到国家战略高度，并制定了时间节点和技术方向相对明确的发展时间表及路线图。为推广氢能的应用普及，各国通过补贴等政策正在加紧推广建立加氢站，Information Trends公司研究报告显示，2020年，全世界已有33个国家建立加氢站，数量累计达到584座。

（三）我国新能源产业发展现状

2020年，我国新能源产业仍保持较高增长，各类技术逐步走出国门，走向世界舞台，新能源产业发展上升到了一个新的大台阶上。

国家能源局数据显示，我国新能源开发利用规模蝉联全球冠军，继续领跑全球市场。截至2020年年底，我国可再生能源发电装机已达到9.34亿kW，较上一年度增长了近两成，发电量超过22148亿kW·h，同比增加近15%。总体而言，我国可再生能源发电装机容量和发电量延续了过去几年高速增长的态势，水电、风电、光电仍为可再生能源发电的主要贡献者，各类可再生能源利用率依然维持在较高水平，弃电现象得到显著改善。其中，主要流域弃水电量仅为301亿kW·h，水能利用率约97%，同比提升了0.73%；弃风电量约为166亿kW·h，利用率近97%，同比提升了约1%；弃光电量仅为52.6亿kW·h，利用率达到98%，与上一年度利用率基本持平。

二、存在问题

（一）新冠肺炎疫情对新能源产业发展冲击明显

2020年，突如其来的新冠肺炎疫情对全球经济造成了冲击，尽管新能源产业仍保持较快的增长速率，但受疫情影响，国外大量新能源在建项目处于停滞或半停滞状态，迟滞了新能源新增装机容量增长，同时也迫使各国降低了对新建新能源项目的批复速率，给下一年度新能源项目的开建带来了许多不确定性。

（二）发达国家新能源产业投资规模仍低于发展中国家

发达国家作为全球碳排放的主要来源，2019年发达国家新能源投资仅为1300亿美元（约合8405亿元），而发展中国家已达到1522亿美元（约合9840亿元），这种巨大的差异反映了发达国家在具有较好的可再生能源产业发展的基础上，继续增加投资的意愿并不强烈；同时也反映了发展中国家积极参与全球生态治理和产业竞争的积极性。

（三）全球经贸格局不确定性是新能源产业发展的一大阻碍

伴随着全球经济下行，各地区、国家之间的贸易摩擦日益频繁，经贸活动中不稳定性、不确定性事件频现，新能源产业的发展也受到了一定的影响。例如，印度贸易救济总署（DGTR）对来自中国、马来西亚、沙特等国的 EVA 薄膜进行为期 5 年的反倾销税征收。贸易摩擦可能引发全球新能源产品供需失衡、打击企业投资信心等问题，从而挫伤产业发展。

（四）净零排放仍具挑战

全球新能源装机容量增速仍然难以满足在 2050 年基本实现全球净零排放的发展需求，未来可能需要增建更多的新能源发电项目，推动各领域大幅增加新能源在能源消费中的比例。如在风能领域，据全球风能委员会测算，到 2030 年全球风电装机需要以目前三倍的速度增加，才有可能在 2050 年实现净零排放，并缓解能源生产对气候的影响。

三、政策动态

中国积极参与《巴黎协定》相关工作中，并提出碳达峰和碳中和发展目标。2020 年，国家发展改革委、国家能源局等多部委或独立或联合对外发布大量政策法规，进一步规范新能源产业发展，促进新能源产业健康可持续发展。2020 年 1 月，国家能源局对外发布《关于加强储能标准化工作的实施方案》，提出要加快推进关键储能标准制定，并支持加大对新技术和应用标准的研究。2020 年 2 月，工业和信息化部发布《关于有序推动工业通信业企业复工复产的指导意见》，要求政府做好疫情复工复产服务工作，帮助企业尽快克服疫情影响，推动智能光伏等战略性新兴产业复工复产。2020 年 3 月，国家发展改革委联合司法部发布《关于加快建立绿色生产和消费法规政策体系的意见》，该意见指出加大对新能源技术的政策扶持力度，并提出加快研究制定氢能等新能源技术标准。2020 年 6 月，国家能源局印发了《2020 年能源工作指导意见》，指出要加快推动《中华人民共和国能源法》立法进程，安全稳妥发展核电项目。2020 年 8 月，国家发展改革委对外发布《西部地区鼓励类产业目录（2020 年本，征求意见稿）》，将太阳能光伏相关产业列为鼓励西部地区发展的产业。2020 年 11 月，财政部发布《关于加快推进可再生能源发电项目补贴项目清单审核工作的通知》，进一步简化了相关申报流程，提出把由国家对外发布可再生能源电价附加补助目录的方式改为由企业自行定期公布发，该消息利好可再生能源产业总体发展。

第二节 中国新能源产业重点领域分析

一、光伏能源

（一）发展概况

2020 年，我国光伏能源产业总体保持较高的增长率，新增装机量达到 4820kW，同比增长超六成，其中集中式光伏电站和分布式光伏新增装机量达到 3268 万 kW 和 1552 万 kW，同比分别增长 82.5%和 27.2%。从新增装机量的地理分布看，东北、西北、华北地区新增装机量占到总量的 64%，而剩余地方则占 36%。2020 年，我国光伏平均利用约 1160 小时，同比减少了 9 个小时，其中东北、西北、华北地区光伏平均利用小时数明显高于全国平均利用水平。蒙东地区是我国光伏平均利用小时数最高的地区，达到了 1626 小时。2020 年，我国光伏平均弃光率与上一年度基本相同，仅为 2%，新疆和甘肃弃光率已分别由 2019 年的 7.4%和 4.0%，下降至 2020 年的 4.6%和 2.0%。

（二）技术进展

多晶硅领域，生产综合电耗已下降到 66.5kW·h/kg－Si；单炉致密料占比提升超过七成。硅片领域，单晶炉单炉投料量同比提升了 600kg，达到 1900kg；182mm、210mm 大尺寸硅片开始大批量生产，逐步进入下游市场。晶硅电池领域，P 形单晶电池平均转换效率由 2019 年的 22.3%提升至 2020 年的 22.8%，部分企业甚至可以达到 23%。在科研方面也连连产出新成果，晶科能源公司在多晶硅电池片和 N 形单晶硅单节电池片以及杭州纤纳光电钙钛矿小组件转换效率方面也取得了较大的突破，接连打破行业纪录。

二、风能

（一）发展概况

2020 年，我国风电新增并网装机量呈倍数增长，同比增长 178.4%，达到 7167 万 kW；其中陆上新增装机量仍是增长大头，达到 6861 万 kW，占总新增装机量的 95.7%，海上新增装机量同比增加超过五成，达到 306 万 kW，占总新增装机量的 4.3%。从新增装机地区来看，“三北”地区仍是风电发展的重点地区，占到新增总量的六成，剩余四成则被其他地区揽获。我国风电平均利用小时数仍呈增长态势，2020 年达到 2097 小时，同比提高了 15 个小时，福建、云南、贵州、四川四个省份的风电平均利用小时数均超过了 2500 小时，明显高于全国平均水平。全国平均弃风率得到进一步降低，由上一年度的 4%下降至 3%，特别是新疆和蒙西地区，弃风率分别降低了 3.7%和 1.9%，达到 10.3%和 7.0%。

（二）技术进展

2020 年，我国风能产业技术突破喜讯不断。2020 年 1 月，由徐工集团等四家单位完成的全球首座 160 米风塔打破业内风机组吊装高度纪录，将原纪录提高到了 160 米。同年 7 月，东方风电与三峡集团共同研发的国内首台 10MW 海上风机组实现并网发电，打破亚洲纪录，成为世界第二大海上风机组。

三、水电

（一）发展概况

2020 年，我国新增水电并网容量达到了 1323 万 kW。新增装机量分区域来看，西部地区川滇两省领跑全国，两省合计新增装机量占全国总新增量近 57%。水电发电量分区域看，四川、云南、湖北、贵州、广西壮族自治区居全国前五位，五省合计发电量占全国发电总量的七成。从平均利用小时数来看，2020 年全国水电平均利用时间同比增长了近 3.5%，达到 3827 小时。

（二）技术进展

2020 年，我国水电技术攻关取得了大量的成果，一批巨水轮机、抽水蓄能机组被开发研制出来。东电白鹤滩 1000MW 水轮机的成功研发打破了全球单机容量水轮机组纪录，且该水轮机组的稳定性等指标得到明显提升，运行效率超过 95%，是我国水电技术的又一大突破。

四、生物质能

（一）发展概况

2020 年，我国生物质能发电新增装机量继续保持较快增长势头，新增装机量同比增长约 22.6%，为 543 万 kW，累计装机量接近 3000 万 kW，发电量同比增长近两成，达到 1326 亿 kW · h。新增装机分区域看，中东部地区最为显著，山东、河南、浙江、江苏、广东五省新增装机量占全国总新增量的 45.8%；累计装机分区域看，山东、广东、江苏、浙江、安徽五省领跑全国，五省累计装机量占全国总量的 45.5%；分区域看年发电量，广东、山东、江苏、浙江、安徽五省生物质发电量较高，五省占全国 2020 年全年生物质总发电量近一半。

（二）技术进展

2020 年，生物质能技术仍处于较快发展期。我国通过高蒸汽参数生物质循环流化床锅炉技术成功研发了 125MW 超高压生物质循环流化锅炉，成为全球同类型锅炉中容量最大的锅炉，创造了行业新纪录。同时，该技术也为玉米秸秆循环流化炉向更高压、高温发展和推广奠定了基础。河西学院通过微藻固定化培养技术，将生活污水用于培养微藻，不仅可以起到净化水源的效果，还可将微藻培养成本降低近四成，提升油脂提取率近两成。

第三节　中国新能源产业年度热点事件

一、我国提出 2030 碳达峰战略目标

2020 年 9 月，中国向世界宣告碳达峰和碳中和的发展目标。2020 年 12 月的中央经济会议及 2021 年《中华人民共和国国民经济和社会发展第十四个五年规划和 2035 年远景目标纲要》，都将碳排放摆在了更加突出的位置上。

减少碳排放作为人类命运共同体维护共同生态家园的一个重要的手段，

是每个国家都要肩负的重大责任。中国作为具有全球领导力的大国也将积极参与其中。改革开放以来，我国通过长期积累和艰苦奋斗，经济发展取得长足进步，已经初步具备了在2030年实现碳达峰的技术条件和产业基础。随着人民对绿色发展思想的认同感与日俱增，我国政府也在积极寻求更可持续、更加包容、更具韧性、更加环保绿色的经济发展方式。2030年前实现碳达峰的历史宣言将促使企业采用更加清洁、低碳、环保的生产方式，有益于社会经济的长期发展。

二、晶科能源在世界八大光伏能源国家市场占有率中位居第一

我国企业晶科能源2020年组件累计出货量达到70GW，领跑全球，并计划在2021年继续提高产能，将出货量目标提高到100GW。晶科能源在美国、德国、澳大利亚、越南、日本、巴西、印度及荷兰八个国家的市场占有率均排名第一位；其中，在印度市场占有率最高，达到了35%，在美国、荷兰、越南的市场占有率超过20%，在其他4个国家市场占有率也都超过了10%。

尽管晶科能源在全球市场占有率上有较大优势，但是其在中国市场竞争中还有许多强有力的对手。2020年，晶科能源在国内市场占有率约8%，国内市场仍是其重点争夺的主战场，做好中国市场战略规划，提升产品质量稳定性，打好产经销组合拳，是其打好本土守卫战的关键。

三、漂浮式风电进入研发阶段

2020年4月，由中广核牵头联合3家研究单位和企业共同完成了"漂浮式海上风电与海洋牧场融合关键技术研究"合同签订。2020年，风电领域已有多家科研单位、企业、研发团队针对远海浮漂式风电开启研发计划，研究主要围绕基础理论、风机制造、水下电力传输传导等关键理论和技术展开。漂浮式风电的研究有助于解决我国近海风能资源利用饱和的问题，将开启我国远海风能利用的新篇章。

四、具有独立技术的风机主控和监控系统正式并网运营

2020年11月，"华电睿风"风机主控及监控系统在华东风电场正式并网运营，这是继火电、水电、电网之后华电集团"睿"系列拥有独立技术的又一个产品。"睿"系列产品的运营标志着我国电力系统由依赖进口逐渐向国

产化替代转型。

“华电睿风”国产 CPU 及操作系统的上线运营，标志着我国在风电关键核心技术方面取得了重大突破，有利于可再生能源安全和产业安全，为其他领域实现自主可控提供了模范样本。

五、三峡工程完成整体验收

2020 年 11 月，三峡工程完成整体竣工相关验收工作，标志着我国又一“国之重器”建造任务圆满完成。三峡工程作为全球最大的综合水电工程，每年不仅可以为我国提供大量的电力支持，其在防洪抗灾、民生民计、生态保护方面也有着重要的价值。

六、光伏原材料价格上涨

2020 年 7 月，受上游硅材料企业产能下降影响，市场硅材料供给呈现紧缺态势，导致硅片、电池片等硅材料价格大幅上涨。加之 2020 年国内新冠肺炎疫情基本稳定后，大量光伏项目开始恢复正常建设，进一步释放了市场需求，加剧了硅材料供不应求的局面。

七、国家电投基本实现核电自主化

2020 年 9 月，国家电投对外发布“国和一号”第三代核电，这是我国拥有独立品牌和自主研发技术的核电产品，标志着国家电投基本完成了第三代核电自主可控的战略任务。

八、地热能发电纳入可再生能源发电补贴项目清单

2020 年 11 月，财政部对外发布了《关于加快推进可再生能源发电补贴项目清单审核有关工作的通知》（以下简称《通知》），将地热能等新能源发电项目纳入本次补贴清单中。

我国地热能发电受限于技术条件及经济成本等因素，商业化项目基本处于空白，仅在西藏羊八井等少数地区开展试验性项目，推广难度较大。《通知》对地热能发电行业来说是重大利好。在《通知》引导下，“十四五”时期我国地热能发电市场将得到进一步释放，有利于该行业长期发展。

第四节　中国新能源产业重点企业分析

一、中国207家企业入围全球新能源企业500强

2020年11月，“2020全球新能源企业500强榜单”在中国山西太原正式发布，该榜单主要以全球新能源企业2019年度营业收入为主要参考指标。2020年入榜企业最低营业收入达到15.54亿元，同比提升9.21%。

本次上榜的500家企业分别来自全球38个国家和地区，同比增加了1个。中国仍为入围企业数量最多的国家，入围企业有207家；美国以69家企业入围排名第二位；日本以54家企业入围排名第三位；德国和韩国分列第四、第五位，分别有27家、20家企业入围榜单。其中，2020年前50强企业中，中国企业21家（见表8-1）、美国企业7家、日本企业3家、德国企业2家、韩国企业2家。协鑫（集团）控股有限公司、中国电力建设集团有限公司、晶科能源有限公司三家中国企业入围本次榜单前十位，分别排第二位、第七位、第十位。

表8-1　入围“2020全球新能源企业500强榜单”前50位的中国企业

序　号	企业名称	排　名
1	协鑫（集团）控股有限公司	2
2	中国电力建设集团有限公司	7
3	晶科能源有限公司	10
4	宁德时代新能源科技股份有限公司	14
5	天能控股集团	15
6	新疆金风科技股份有限公司	18
7	中国光大国际有限公司	22
8	隆基绿能科技股份有限公司	23
9	通威集团	26
10	中国国际能源集团控股有限公司	30
11	龙源电力集团股份有限公司	31
12	超威集团	33
13	上海电气集团股份有限公司	34
14	欣旺达电子股份有限公司	37
15	哈尔滨电气集团公司	39

续表

序　号	企 业 名 称	排　名
16	明阳新能源投资控股集团有限公司	40
17	中国能源建设股份有限公司	41
18	天合光能股份有限公司	42
19	阿特斯阳光电力集团	46
20	中国电建集团国际工程有限公司	48
21	晶澳太阳能科技股份有限公司	49

数据来源：2020 全球新能源企业 500 强榜单，2020 年 11 月。

二、2020 年“北极星杯”光伏影响力品牌企业

2020 年 10 月，2020 年“北极星杯”光伏影响力品牌评选活动最终结果及颁奖仪式在中国北京正式举行。该活动由北极星太阳能光伏网主办，已成功举办八届，是光伏能源领域具有权威性的评选活动之一。2020 年评选活动共设置“影响力光伏电池／组件品牌”“影响力优秀光伏创新企业”等十个奖项，主要参评企业涵盖了光伏装备制造商、配套产品生产商、解决方案提供商等，评选结果由网络投票、专家评审团投票、北极星光伏评选专家评审团共同做出，共有 120 余家企业获奖。其中，影响力光伏电池/组件品牌奖项由 14 家企业获得（见表 8-2）。

表 8-2　获 2020 年“北极星杯”影响力光伏电池/组件品牌的企业（排名不分先后）

东方日升新能源股份有限公司	隆基乐叶光伏科技有限公司
晶澳太阳能科技股份有限公司	浙江正泰新能源开发有限公司
晶科能源有限公司	天合光能股份有限公司
唐山海泰新能科技股份有限公司	山西潞安太阳能科技有限责任公司
苏州爱康光电科技有限公司	合肥中南光电有限公司
徐州嘉寓光能科技有限公司	苏州腾晖光伏技术有限公司
正信光电科技股份有限公司	中建材浚鑫科技有限公司

数据来源：“北极星杯”2020 光伏影响力品牌评选，2020 年 10 月。

三、2020 年中国主要风机整机制造企业装机容量排名

彭博新能源发布数据表明，全球 2020 年度风机新增装机容量同比增长

约 59%，达到 96.3GW，其中陆上风电和海上风电新增装机容量分别为 90.2GW 和 6.1GW。2020 年，我国风电行业尽管受到了补贴退坡及新冠肺炎疫情等多重因素影响，但新增装机容量仍保持较高增长，达到 57.8GW，同比增长约 95%，占当年全球风机新增装机容量的近六成。如图 8-1 所示为 2020 年主要风电整机制造商的中国市场占有率。

从 2020 年国内风电装机容量来看，中国风电整机制造市场集中度略有下降，前十大整机制造商所占市场份额由 2019 年的 94%下降至 2020 年的 91%；同时，前十大制造商所占市场份额也产生了较大的变化，金风科技以 21%的市场占有率蝉联装机冠军。尽管中国风电整机制造商三甲排名与 2019 年保持一致，但所占市场份额由 2019 年的 63%下降至 2020 年的 48%。上海电气依托其海上风电装机优势，由第五位上升至第四位；中车风电和三一重能两家企业排名变化最为明显，分别跃升至第六位和第七位（见图 8-1）。

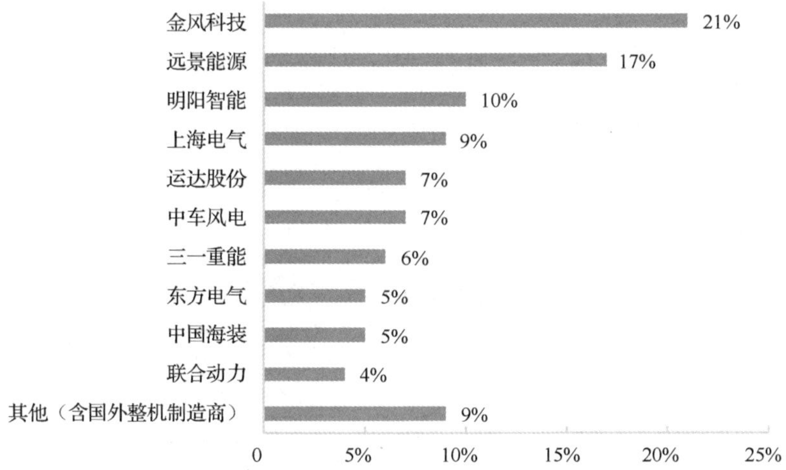

图 8-1　2020 年主要风电整机制造商的中国市场占有率

数据来源：彭博新能源财经，2021 年 3 月

四、2020 年中国生物质能十大概念股企业

我国生物质能上市重点企业的 2020 年营业收入多数表现为下降趋势，部分企业因为业务多元化、技术研发实力较强、客户黏性等，依然表现平稳增长态势。生物质能产业上市重点企业情况如表 8-3 所列。

表 8-3　生物质能产业上市重点企业情况（生物质能十大概念股）

公司名称	所处地区	所属细分领域	2020 年营业收入/亿元	主要产品范围
凯迪电力	湖北	生物质发电	20.51	城镇生活垃圾处理及发电工程、火力发电厂凝结水精处理、燃煤电厂烟气脱硫工程、洁净煤燃烧发电
韶能股份	广东	生物质发电	49.23	生物质能发电、生态植物纤维制品
北大荒	黑龙江	生物质燃料	32.41	甲醇汽油、农产品加工、食品、农机、化肥等
广东甘化	广东	生物质燃料	5.15	食糖、纸浆、纸、酵母、酒精、建筑材料、金属材料，利用甘蔗、玉米等可再生性糖料生产燃油精
华资实业	内蒙古	生物质燃料	0.39	糖、糖蜜，并利用可再生性糖料生产燃油精
海南椰岛	海南	生物质燃料	8.08	粮食、药酒、含酒精饮料、啤酒、植物油，木薯乙醇
华光股份	江苏	生物质设备	76.42	垃圾焚烧锅炉、余热锅炉、生物质燃料锅炉
万向德农	黑龙江	生物质燃料	2.40	农林牧产品、化肥、农机、玉米燃料乙醇
北海国发	广西	生物质燃料	2.68	藻类、贝类、甲壳类等海洋生物系列产品，医药工程，乙醇生产（燃料乙醇）
龙力生物	山东	生物质燃料	1.68	以玉米芯、玉米为原料，采用现代生物工程技术生产功能糖、淀粉及淀粉糖等产品，并循环利用功能糖生产中产生的玉米芯废渣生产第 2 代燃料乙醇等新能源产品及木质素等高分子材料产品的生物质综合利用

数据来源：赛迪智库整理，2021 年 4 月。

五、2020 年中国氢能行业最具投资价值企业

2020 年 11 月，氢能领域 2020 年度“高工金球奖”评选结果在中国深圳揭晓。该评选活动由高工氢电组织，通过网络投票、行业精英投票和专家评审团评分的方式，对在 2020 年度氢能领域的优秀产品、技术、企业等进行综合评定，共评出包括 2020 年度投资价值企业在内的八项大奖。“2020 年度投资价值企业”作为该评选的重要奖项，受到资本市场高度关注，2020 年度该奖项获奖名单如表 8-4 所列。

表 8-4 “2020 年度投资价值企业”获奖名单

序　　号	企 业 简 称	成 立 时 间
1	清能股份	2003 年
2	国鸿氢能	2015 年
3	新源动力	2001 年
4	氢璞创能	2010 年
5	鸿基创能	2017 年
6	上海氢晨	2017 年
7	新研氢能	2017 年
8	明天氢能	2017 年
9	重塑科技	2015 年
10	武汉理工氢电	2006 年

数据来源：高工氢能，2020 年 11 月。

第九章

节能环保产业

第一节　国内外节能环保产业发展动态

一、整体概况

（一）节能环保产业成为“后疫情时代”全球绿色复苏的战略性新兴产业

在“后疫情时代”，世界迫切需要绿色转型与复苏协同推进。2020 年 9 月召开的第七十五届联合国大会指出，各国要树立创新、协调、绿色、开放、共享的新发展理念，抓住新一轮科技革命和产业变革的历史性机遇，推动全球经济绿色复苏，汇聚可持续发展的强大合力。资源环境是制约世界各国经济社会发展的突出矛盾。解决节能环保问题，加快发展节能环保产业升级和发展方式转变，拉动投资和消费形成新的经济增长点，能够推动世界向更持续、更包容、更友好的经济发展模式转型，实现迅速减排、支持就业和增加收入的共赢。

目前，全球都在加大对节能环保产业的投入。据国际能源署（IEA）2020 年 11 月《世界能源展望》报告，2010—2020 年，全球节能环保投资将达 1.999 万亿美元（约合 12.9 万亿元），2020—2030 年，世界节能环保投资预估达 5.586 万亿美元（约合 36.1 万亿元）。美国是世界上最大的环保技术生产国和消费国，其年际节能环保产值达世界环保产值的 1/3。日本环保产业在洁净产品设计和生产方面发展迅速，绿色汽车、环保建材、节能电饭煲是代表性产品，其节能服务业每年以 30%的速度高速增长。欧盟为履行应对气候变化“3 个 20%”承诺，将节能环保产业纳入国家战略层面。欧盟主要国家（德国、法国、英国、意大利）环保产业市场规模已达到 1700 亿欧元（约合 13037.5 亿元）。德国的节能环保制造业已超过传统制造业成为主导产业，英国石油公司的天然气、太阳能、风能等低碳或无碳能源技术在全球领先。

（二）节能环保已成为国际经济科技竞争的新领域

环保科技已成为环保市场准入、合格评定、产品检验、质量体系认证等的基本依据，各国围绕市场应用广、节能减排潜力大、需求拉动效应明显的重点领域，以节能环保、可再生能源和低碳技术为主线，努力抢占未来经济科技竞争制高点。在以下方面展开节能环保技术角逐：一是节能技术及装备，高效电动机应用、半导体照明、热电联产与分布式能源等技术装备是产业发展的重点和方向；二是大力发展节能服务业，包括能源评估、能源审计和能效认证等节能服务业；三是发展太阳能、水能、核能等替代能源，提升天然气等相对清洁化石燃料功耗，发展蓄热式燃烧技术装备、高效锅炉，提高能源使用效率；四是加快新能源汽车技术攻关和示范推广，重点解决动力电池系统安全性、可靠性和轻量化问题，加强驱动电机及核心材料、电控等关键零部件研发和产业化。

（三）我国节能环保产业初步形成了以大型国有企业为龙头、行业巨头横向联合的格局

我国的大型国有企业在资金、技术、服务网络等方面有着绝对优势，占据国内节能环保市场的主要份额，是节能环保产业的骨干力量。近年来，我国大型国有企业的实力不断增强，大体量的政府直属环保集团，如江苏环保集团、南水北调集团等加速成立。传统国有企业加速节能环保行业布局，与地区联合，构建了一批省级节能环保平台。同时，国内环保产业集群逐步形成，节能环保产业加快在广东、江苏、浙江、山东和上海等区域布局，其中，“长三角”地带高新节能环保企业占比为 35%，具备较强的集中趋势，我国节能环保产业园区集聚状态凸显，集群化、生态化产业发展格局已初步成立。

同时，随着中国环保政策高度不断加码提升，我国节能环保产业市场未来发展享有巨大空间。据《2021 年中国节能环保产业发展分析报告》预测，2022 年我国节能环保产业产值将突破 10 万亿元，2023 年将达到 12.3 万亿元（见图 9-1）。

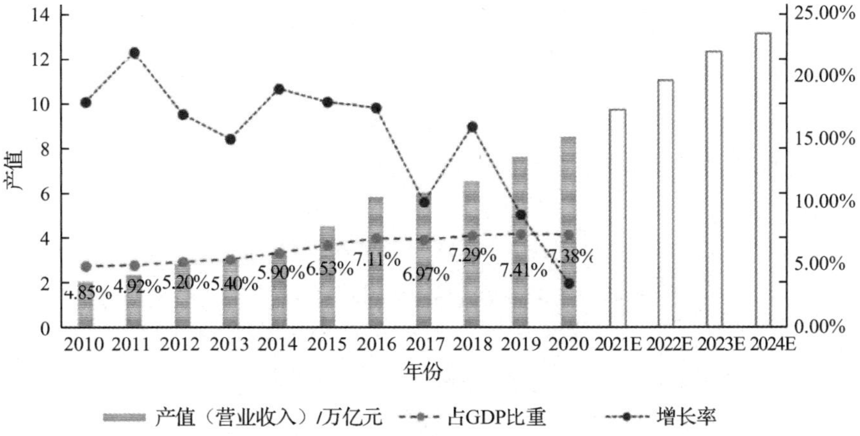

图 9-1　中国节能环保产业产值、增长率及占 GDP 总量的比重

数据来源：国家统计局、国家发展改革委，赛迪智库整理，2021 年 8 月

（四）信息技术与节能环保产业深度融合，技术创新推动节能环保产业高质量发展

节能环保产业是市场敏感型产业，能较好地捕捉新的市场需求和公众喜欢的产品，促使企业在技术方面进行革新。信息技术与节能环保产业的融合不仅为自身带来发展的飞跃，也使自身体系不断完善。近年来，我国节能环保产业已开始逐步与信息技术发生融合，推动环境监测设备、节能监测设施等领域科技创新，技术装备水平得到了大幅度提升，高效电机、膜生物反应器、高压压滤机的技术装备等达到了国际领先水平。以目前我国的环境现状来看，未来人们将更加关注生活环境质量，以及强调数据信息分享的便捷性、连续性，信息技术将与节能环保产业加快融合，大气污染、水污染防治领域的传统市场持续增长，土壤、固废等节能环保细分领域的市场空间将加速释放。

二、存在问题

（一）以小微企业为主，市场竞争力不强

“十三五”期间，社会环保总投资超过 17 万亿元，但产业总体规模仅占国民经济结构的 3%，难以成为国民经济支柱产业。节能环保产业属重资产行业，投资周期长，我国节能环保企业整体核心竞争力弱。在国内市场，许多中小企业由于实力不强、缺乏融资能力，资金短缺严重、市场被垄断等逐渐被淘汰出局；在国外市场，我国在核心关键技术上仍未占据一席之地。

我国节能服务从业企业规模偏小，市场主体多，产品同质化严重，产业集中度仍待提高。2020 年，营业收入超过 1 亿元的企业仅占 9%，营业收入在 2000 万元以下的企业占 40%。与美国相比，营业收入超百亿元的企业数量，美国有 26 家，中国有 10 家；固废行业 CR3 企业市场占比，美国达 49.6%，中国仅为 7.8%；水处理行业 CR3 企业市场占比，美国达 17.2%，中国仅为 8.1%。3 万余家环保企业中，规模 50 人以下企业占比为 92%，缺少一体化综合解决能力的大型综合性环境服务企业。同时，我国节能服务行业集中度仅为 12%，且地区分布不均匀，多集中于江苏、广东、浙江等经济发达的地区，中西部行业密集型低，仅为 3%～4%。

（二）管理机制不完善，资金短缺成多元化投融资瓶颈

据国务院发展研究中心金融研究所（DRC）研究，2015—2020 年，中国绿色发展的相应投资需求为 2.9 万亿元/年，其中政府的出资比例仅占 10%～15%，超过 80%的资金需要社会资本解决，绿色发展融资需求缺口巨大。同时，随着节能环保市场逐步放开，市场进入门槛放低，管理机制还没有完整建立，市场竞争混乱状态持续。PPP、第三方治理等市场化模式存在政府和市场、第三方和排污主体责任界定不清等问题，如 2014 年 6 月环境保护部《关于废止（环境污染治理设施运营资质许可管理办法）的决定》实施后，污染治理专业企业进入相关业务领域的门槛降低。但部分中小型环境服务运营商的技术及环境管理水平参差不齐，为短期占有市场而盲目降低环境治理标准，造成市场恶性竞争。

（三）关键核心技术攻关难度大，原始创新能力不强

我国节能环保技术装备迅速升级，技术水平不断提升，发明专利申请数量由 2010 年的 31917 件上升至 2020 年的 14500 件，主导技术和产品基本满足市场需求，重点节能环保技术方面取得一定突破。但是，节能环保技术原始创新较少，以小微企业为主的产业组织特征导致了产业内技术创新动力不足。目前，我国环保产业企业中仅有 11%左右的有研发能力，这些企业的研发资金约占销售收入的 3.33%，远低于欧美企业 15%～20%的水平。

相关问题主要表现：第一，技术集成体系尚未建立。关键复杂性技术的节能环保产业必须经由跨行业、跨学科的技术集成，增加了技术创新的复杂程度和协调难度。第二，共性技术攻关乏力。目前在我国工业发展过程中，

对生产过程中涉及的原材料、加工、最后再利用处在较初级阶段，缺少创新环境，对新的梯级利用技术、城市各类废弃物的回收及综合利用技术、大宗废弃物的高效、无害化综合利用技术没有大规模铺开应用。第三，技术成果的推广转移机制尚未建立。缺乏市场化的技术交易、转移和扩散平台。第四，鼓励科技创新和成果应用的政策环境需要完善。如再制造产品尚未出台相应的国家标准，产品质量鉴定缺乏相应的依据及产品标识，磷石膏砖等产品由于缺乏相应标识，在国际市场推广壁垒重重。

三、政策动态

2020 年，中共中央办公厅、国务院办公厅印发的《关于构建现代环境治理体系的指导意见》提出，至 2025 年，我国必须形成完善的环境治理体系目标，“固废法”“长江大保护”“垃圾分类”“补短板”等政策持续出台，环境治理政策力度持续趋严，生态治理有望持续推动，节能环保产业有望进一步提升。对照“十三五”“十四五”规划在三方面进行政策提升，有力推动了节能环保领域发展：一是强调政策延续性，环境治理工作需要长时间投入，在“十三五”时期污染物排放总量大幅减少、生态环境质量总体改善的背景下，进一步提升环境质量；二是绿色转型势在必行，明确提出生产生活方式向绿色环保转型，制定“2030 年前碳排放达峰”行动方案；三是具有前瞻性，增加 2035 远景目标，提出广泛形成绿色生产生活方式。如图 9-2 所示为中国阶段性环保政策梳理。

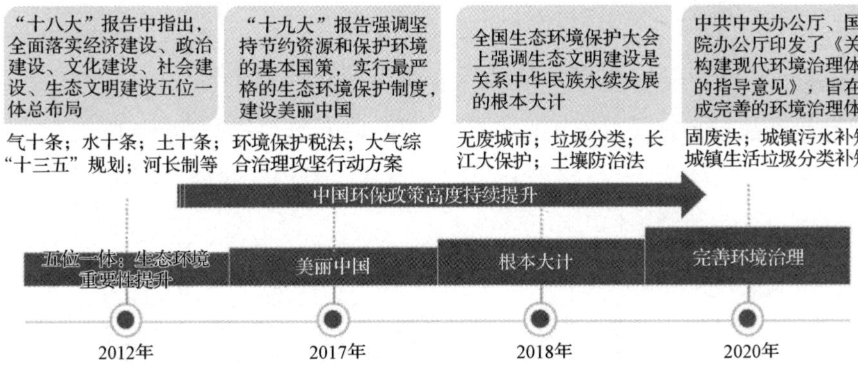

图 9-2　中国阶段性环保政策梳理

资料来源：赛迪智库整理，2021 年 8 月

第二节　中国节能环保产业重点领域分析

根据国家统计局于 2018 年最新下发的《战略性新兴产业分类》对战略新兴产业的界定，节能环保产业主要包括节能产业、环保产业和资源循环利用产业，涉及 23 个细分行业。从服务对象来看，节能环保三个子行业可进一步细分为若干个二级子行业，其中，节能行业包括工业节能、建筑节能、交通运输节能及生活节能等二级子行业，环保行业包括大气治理、水治理、土壤治理等二级子行业。

一、高效节能产业

（一）发展概况

当前，我国高效节能产业的盈利能力逐渐提高，产业将从规模快速扩张阶段转向高质量发展阶段。需求主要来源于三大方面：高耗能工业领域节能减排（电力、钢铁、建材、有色、煤炭等行业）、建筑节能、公共设施领域节能（集中供热项目等）。

据 EMCA 数据，2011—2020 年，高效节能产业产值从 1250 亿元增长到 6000 亿元，复合增长率为 19.57%。工业领域节能项目投资额占比达 71%，建筑领域节能项目投资额占比达 19%（其中商业及工业建筑领域投资额占比为 11%；公共机构建筑领域投资额占比为 8%），公共机构领域节能项目投资额占比为 10%。同时，从业公司平均产值持续上升，从 2012 年的 3200 万元/人增长至 2020 年的 8000 万元/人，复合增长率达 9.58%。但是，高效节能企业新增数量、合同能源管理项目投资额也首次出现下降情况，2020 年，高效节能企业新增 108 家，增速仅为 1.7%，远低于往年复合增长率 6.69%的水平。可见，高效节能产业快速扩张期已经进入尾声，市场空间逐步缩减，存在市场主体多、产品同质化严重的行业现状。

（二）技术进展

2020 年，我国主要节能装备、主要行业单位产出能耗指标达到国际先进水平。稀土永磁无铁芯电机等电机节能技术、蓄热式高温空气燃烧、等离子点火等高效锅炉窑炉技术、高效换热器及系统优化等能源梯次利用技术、中低品位余热余压回收利用技术、能源优化技术等加快突破。

二、先进环保产业

（一）发展概况

当前，我国正在经历绿色发展转型期，年际污染治理投资稳步上升，环保产业业务正在经历由传统污水处理厂、垃圾处理厂的“厂内”业务向“厂外”综合化业务拓展的相关业务外延优化的阶段。2020 年，全国节能环保支出为 6317 亿元，占全国一般公共预算支出的 2.57%，年均复合增长率为 14.09%。

随着政策加速消费侧更新市场及国家发展改革委会同有关部门联合发布《进一步优化供给推动消费平稳增长促进形成强大国内市场的实施方案（2019 年）》、2020 年商务部会同有关部门联合发布《报废机动车回收管理办法实施细则》等环保循环经济方针出台，汽车、家电、消费电子市场发生革新。根据预测，未来锂电池回收、汽车拆解，场地修复、污水处理、水环境整治等行业将进入快速发展期，垃圾焚烧、环境监测、家电拆解等行业将进入成熟发展期，水电大气、垃圾掩埋等领域将开始逐步衰退，再生资源、水处理、固废等行业将成为先进环保行业的“领头羊”。

（二）技术进展

2020 年，重点领域环保技术及装备成套化水平显著提高。环保装备标准和环保服务体系不断健全，污染治理设施建设和运营基本实现专业化、社会化。实施水体污染控制与治理科技重大专项，开发膜技术、生物脱氨、重金属废水污染防治、污泥处理处置等污水处理关键技术水平不断提升，焚烧烟气控制系统、渗滤液处理等垃圾处理技术高效除尘、烟气脱硫脱硝等大气污染控制技术、有毒有害污染物防治和安全处置技术、重金属污染治理与土壤修复等成套技术及装备不断突破。

三、资源循环利用产业

（一）发展概况

随着再生资源行业发展模式创新步伐的加快，国家对再生资源产业的管理也达到新的高度与深度，对行业的规范健康发展起到了积极的推动作用。据《循环发展引领行动》，2020 年，我国主要资源产出率比 2015 年提高 15%，主要废弃物循环利用率达到 54.6%左右。一般工业固体废物综合利用率达到73%，农作物秸秆综合利用率达到 85%，资源循环利用产业产值达到 3 万亿元，75%的国家级园区和 50%的省级园区开展循环化改造。我国的资源循环利用产业蕴藏着很多新机会，据国家信息中心 2021 年 2 月发布的《中国共享经济发展报告（2021）》，2020 年，我国共享经济市场交易额约 33733 亿元，同比增长 104%，未来几年仍可保持年均增长率 40%左右。

现阶段，我国以企业和行业为载体，已经建设了 50 个工业资源综合利用产业基地，开展了大量工业资源综合利用重大示范工程。我国持续发布更新工业资源综合利用先进适用技术装备目录，加快大宗工业固体废物综合利用先进技术装备和产品的推广应用，推动尾矿、煤矸石、粉煤灰、冶金渣、工业副产石膏、化工废渣、赤泥等大宗固废的综合利用，拓宽利用途径，提升利用水平，丰富资源循环利用产业体系。

（二）技术进展

2020 年，再利用、资源化的循环利用技术创新体系不断健全。低品位共伴生矿产资源高效选冶、稀贵金属分离提取技术、大宗固体废物大掺量高附加值利用、废弃电器电子产品资源化利用、废旧材料分离与改性、废旧车用动力电池及蓄电池回收处理和利用、汽车零部件及机电产品再制造技术、餐厨废弃物资源化利用、农林废物高效利用技术等不断突破。

第三节　中国节能环保产业年度热点事件

一、《中华人民共和国国民经济和社会发展第十三个五年规划纲要》（以下简称“十三五”规划）9 项约束性指标和污染防治攻坚战阶段性目标任务超额完成

我国以打赢污染防治攻坚战为主线，环境污染治理取得显著成效，生态环境保护各项工作都取得重要进展。截至 2020 年年底，“十三五”规划规定的约束性指标，如细颗粒物（PM2.5）未达标地级及以上城市浓度下降比例、地表水质量达到或好于Ⅲ类水体比例、劣Ⅴ类水体比例、单位 GDP 二氧化碳排放降低比例和化学需氧量、氨氮、二氧化硫、氮氧化物主要污染物的削减量等提前圆满完成。

二、《关于加快建立绿色生产和消费法规政策体系的意见》发布

国家发展改革委、司法部联合印发《关于加快建立绿色生产和消费法规政策体系的意见》，制定推行绿色设计、强化工业清洁生产、发展工业循环经济、加强工业污染治理、促进服务业绿色发展等九大主要任务。旨在2025年年底，保证绿色生产和消费相关的法规、标准、政策进一步健全，绿色生产和消费方式在重点领域、重点行业、重点环节全面推行，我国绿色发展水平实现总体提升。

三、《关于营造更好发展环境支持民营节能环保企业健康发展的实施意见》发布

国家发展改革委、科技部、工业和信息化部等六部门联合印发《关于营造更好发展环境支持民营节能环保企业健康发展的实施意见》围绕营造公平开放的市场环境、完善稳定普惠的产业支持政策、推动提升企业经营水平、畅通信息沟通反馈机制四个方面，提出了十二条支持民营节能环保企业健康发展的政策措施。

四、国家绿色发展基金正式落地

2020年7月14日，国家绿色发展基金股份有限公司成立。其注册资本885亿元，财政厅领衔（出资100亿元，占股11.3%）。国家绿色发展基金是由财政部、生态环境部、上海市共同发起设立，国务院授权财政部履行国家出资人职责，财政部委托上海市承担绿色基金管理的具体事宜。该基金将重点投资污染治理、生态修复和国土空间绿化、能源资源节约利用、绿色交通和清洁能源等领域，对推动节能环保产业发展起着重要的作用，也将有力促进环保和经济社会的可持续发展。

第四节　中国节能环保产业重点企业分析

一、2020年中国环保企业50强

据全国工商联环境商会发布的“2020中国环境企业50强”榜单（见表9-1），2020年登榜的50强企业中，A股上市企业36家、H股上市企业9

家、新加坡上市企业1家、非上市环保企业4家；9家公司营业收入过百亿元，13家环境企业营业收入在50亿～100亿元，较2019年增加4家。光大环境、北控水务、首创股份、盈峰环境、碧水源、启迪环境、瀚蓝环境、高能环境、中国水务投资、三峰环境蝉联环保企业50强前十位。

表9-1 “2020中国环境企业50强”榜单

排序	企业名称	排序	企业名称
1	中国光大环境（集团）有限公司	26	福建龙马环卫装备股份有限公司
2	北控水务集团有限公司	27	安徽国祯环保节能科技股份有限公司
3	中国天楹股份有限公司	28	浙江富春江环保热电股份有限公司
4	北京首创股份有限公司	29	南方中金环境股份有限公司
5	格林美股份有限公司	30	国家电投集团远达环保股份有限公司
6	盈峰环境科技集团股份有限公司	31	聚光科技（杭州）股份有限公司
7	北京碧水源科技股份有限公司	32	北京国电龙源环保工程有限公司
8	福建龙净环保股份有限公司	33	浙能锦江环境控股有限公司
9	启迪环境科技发展股份有限公司	34	上海环境集团股份有限公司
10	北京三聚环保新材股份有限公司	35	玉禾田环境发展集团股份有限公司
11	北京东方园林环境股份有限公司	36	东江环保股份有限公司
12	中国水务集团有限公司	37	浙江菲达环保科技股份有限公司
13	云南水务投资股份有限公司	38	北京清新环境技术股份有限公司
14	科达制造股份有限公司	39	景津环保股份有限公司
15	大唐环境产业集团股份有限公司	40	广西博世科环保科技股份有限公司
16	瀚蓝环境股份有限公司	41	北京桑德环境工程有限公司
17	上海实业环境控股有限公司	42	博天环境集团股份有限公司
18	首创环境控股有限公司	43	中环保水务投资有限公司
19	重庆水务集团股份有限公司	44	天津创业环保集团股份有限公司
20	江西洪城水业股份有限公司	45	康达国际环保有限公司
21	北京高能时代环境技术股份有限公司	46	维尔利环保科技集团股份有限公司
22	深圳市铁汉生态环境股份有限公司	47	北控城市资源集团有限公司
23	成都市兴蓉环境股份有限公司	48	中山公用事业集团股份有限公司
24	中国水务投资有限公司	49	侨银环保科技股份有限公司
25	重庆三峰环境团股份有限公司	50	航天凯天环保科技股份有限公司

资料来源：全国工商联、中商产业研究院，赛迪智库整理，2021年8月。

二、2020 年中国节能服务行业评级以上企业

目前，我国的节能材料、节能设备及能源管理软件系统已实现自给自足，具有相对低廉的采购成本，产品市场可以迅速迎合客户的需求，相对完整的产业链为我国节能服务产业的迅速发展提供了基本保障。我国节能服务行业企业不断增加，从业队伍持续壮大，截至 2020 年，从事节能服务产业的企业总数超 6550 家。行业从业人数达 76.10 万人，比“十二五”末期增长 25.37%。如表 9-2 所列为 2020 年中国节能服务行业评级以上企业。

表 9-2　2020 年中国节能服务行业评级以上企业

领　域	企业名称
工业领域	北京神雾环境能源科技集团股份有限公司
	广州智光节能有限公司
	中节能科技投资有限公司
	上海宝钢节能环保技术有限公司
	天壕节能科技股份有限公司
	北京动力源科技股份有限公司
	西安天可华能源科技有限公司
	中国节能减排有限公司
	南方电网综合能源有限公司
	盾安（天津）节能系统有限公司
	中国能源工程有限公司
	四川点石能源股份有限公司
	浙江浙能节能科技有限公司
	九源天能（北京）科技有限公司
	国网综合能源服务集团有限公司
建筑领域	贵州汇通华城股份有限公司
	同方泰德国际科技（北京）有限公司
	上海普天能源科技有限公司
	南方电网综合能源有限公司
	远大能源利用管理有限公司
	深圳达实智能股份有限公司
	博锐尚格科技股份有限公司

续表

领　　域	企 业 名 称
建筑领域	上海东方低碳科技产业股份有限公司
	国网综合能源服务集团有限公司
公共设施领域	上海普天能源科技有限公司
	南方电网综合能源有限公司
	中国能源工程有限公司
	国网综合能源服务集团有限公司
	同方节能工程技术有限公司

资料来源：节能服务公司综合能力等级评价名单，赛迪智库整理，2021年8月。

三、2020年固废、环卫行业十大影响力企业

中国正处于生态文明建设关键期，绿色发展理念持续深化，伴随“垃圾分类”国策的推行、“无废城市”建设理念的提出，固废综合管理全面升级，行业呈现多点繁荣、合作共生的市场格局。如表9-3所列为2020年固废十大影响力企业。如表9-4所列为2020年环卫十大影响力企业。

表9-3　2020年固废十大影响力企业

序号	企 业 名 称	获 奖 优 势
1	中国光大环境（集团）有限公司	固废全产业链多元化生态布局，多领域持续稳健发力
2	绿色动力环保集团股份有限公司	国有控股A+H上市公司，固废多领域齐发力
3	中国环境保护集团有限公司、上海环境集团股份有限公司	专业化发展和区域化经营的市场开发机制，全面布局城乡固废综合治理
4	上海康恒环境股份有限公司	打造生活垃圾焚烧项目，扬帆海外开拓国际市场
5	重庆三峰环境集团股份有限公司	环保A股上市公司新贵，绿色供应链 CITI指数皆名列前茅
6	瀚蓝环境股份有限公司	“大固废”战略布局，拥抱数字化
7	首创环境控股有限公司	“生态+”战略落地，合纵连横实现固废全领域稳健布局
8	美欣达集团有限公司	绿色转型企业典范，打造智能管控平台实现环境产业数据云监控
9	深圳市能源环保有限公司	老牌地方环保国企典范，并购环卫实现产业链纵向延伸

续表

序号	企 业 名 称	获 奖 优 势
10	中国天楹股份有限公司、浙能锦江环境控股有限公司	全面打通固废全产业链布局，以高端装备制造支撑国际市场持续发力 发挥混合所有制优势，技术创新驱动业务布局更上新台阶

资料来源：中国固废网，赛迪智库整理，2021 年 8 月。

表 9-4　2020 年环卫十大影响力企业

序号	企 业 名 称	获 奖 优 势
1	北京环境卫生工程集团有限公司	环卫服务与环卫装备双轮驱动，业绩持续领跑
2	侨银环保科技股份有限公司	“城市大管家”+“环保创新技术”双轮驱动的发展战略，业务布局多元化
3	北控城市环境服务集团有限公司	资本市场的环卫新贵，未来发展可期
4	盈峰环境科技集团股份有限公司	借助收购快速跻身环卫服务第一梯队，领跑新增业绩榜
5	福建龙马环卫装备股份有限公司	依托“装备制造+环卫服务”协同发展模式，持续发力环卫市场
6	中环洁环境有限公司	研发智慧环卫运营管理平台，实现环卫业绩稳增长
7	玉禾田环境发展集团股份有限公司	智慧环卫理念不断落地，深耕城市环境服务多年
8	启迪城市环境服务集团有限公司	调结构促发展，构建“城市环境大脑”
9	康洁科技集团有限公司	激发老牌环卫企业新活力，致力于城乡环卫一体化服务
10	劲旅环境科技股份有限公司	专注城乡一体化服务模式，打造“横向”及“纵向”的全产业链条

资料来源：中国固废网，赛迪智库整理，2021 年 8 月。

第十章

数字创意产业

数字创意产业是当前新兴的数字文化行业，包括虚拟现实、数字游戏、短视频和直播等新兴事物。2020 年，受疫情影响，数字经济转型加速，数字创意产业扩张迅猛。数字创意产业的生产和消费逐步走向全球化，5G、VR、人工智能等技术的发展为数字创意产业赋予新的活力，催生高效的内容创作方式、传播渠道和消费形式。随着新一轮技术革命的不断深化，新一代信息技术产业的快速发展带来了社会发展模式的变革，我国已经迈入数字经济时代，正在通过推进数字产业化和产业数字化，加快数字经济和实体经济深度融合速度，数字作为一种资源正发挥着越来越大的作用，数字创意这一朝阳产业必将大有可为。

第一节　国内外数字创意产业发展动态

一、整体概况

2020—2021 年，与国际形势一致，我国仍在加大力度培育和发展数字创意产业。数字创意产业目前已成为我国战略性新兴产业的重要发展方向之一。当前，国内尚缺乏权威统计数据反映数字创意产业整体经济规模，《“十三五”国家战略性新兴产业发展规划》提出，到 2020 年，我国数字创意产业产值规模可能达到 8 万亿元，未来会形成具备先进技术、完整链条的发展格局。目前，我国数字创意产业面临超前发展的机遇，已步入高速成长期，短时间内已出现大量创新成果，具备巨大的增长潜力。

目前，国际社会尚未就“数字创意产业”形成一个统一明确的定义，不同国家对其认识和发展路径选取均有所不同（见表 10-1）：美国将数字创意产业与版权相关联，通过版权带动数字内容和技术协调发展；英国则聚焦轻量创意产业，通过文化带动数字创意产业发展，突出“大文化”一体化理念；日本、韩国两国数字相关产业发展势头较强，两国政府主要通过相关政策对相关产业加以引导。我国为促进数字创意产业发展，对产业内涵进行了明确界定，对长远发展进行了顶层设计。我国数字创意产业主要包括四类：数字创意装备制造、内容服务、实体经济网络化服务和数字设计服务。

表 10-1　各国数字创意产业的定义与分类对比

国　家	名　称	定　义	分　类
英国	创意产业	源自人类创造力和技能的活动，通过知识产权的创造和利用使这些活动创造经济效益和就业机会	广告与市场、建筑、工艺、设计、媒体、信息技术、计算机与软件、展览、视听表演艺术、出版业
美国	版权产业	通过人的创造力、技能和天赋获取发展动力，通过知识产权的创造和利用使这些活动创潜在财富和就业机会	版权业及其相关产业
日本	数字内容产业	加工制作影音、文字、游戏等信息商品，并通过媒介流通到用户	内容制造、休闲时尚业
韩国	数字内容产业	利用影音、游戏动漫、广播电视等媒体或新媒体，进行储存或发行的文化艺术	数字影音娱乐、在线学习、移动增值服务和网络服务、数字出版、数字软件等
中国	数字创意产业	依托数字技术进行创意内容和创意制造的产业	设计、影音传媒、旅游、时尚服饰、数字出版、在线教育、体育与健康、玩具等产业的数字化与信息装备均包含在内

数据来源：赛迪智库整理，2021 年 4 月。

经过几年的发展，目前我国数字创意产业用户已具备一定规模，截至 2020 年 12 月，我国网络游戏用户为 5.18 亿人，其中的手机游戏用户为 5.16 亿人；网络直播用户为 6.17 亿人；网络视频用户为 9.27 亿人，其中的短视频用户为 8.73 亿人；在线教育用户为 4.23 亿人；网络音乐用户为 6.58 亿人；网络文学用户为 4.6 亿人；在线政务用户为 6.94 亿人。

二、存在问题

目前，我国数字创意产业发展成效显著，新技术、新业态、新模式不断涌出，一些有创意、运营情况良好的App、数字游戏、媒体平台等获得了较多关注度，产生了不错的经济效益。但我国数字创意产业还存在外部环境恶化、企业结构不优、企业竞争力较弱、体制机制阻碍等一系列问题，发展瓶颈已有所显现，需要进一步探索如何更好地高质量发展。

数字文化创意技术装备创新仍不够。在数字创意装备领域，我国的技术水平相比发达国家还有不足：在高清视频领域，我国在存储、传输、编解码、集成电路等方面仍落后，关键技术落后较多，高端产品和关键器件依赖进口；标准体系尚未明确，在国际标准制定方面没有话语权；很多环节体现出协同创新仍不足，缺乏深入合作。在VR领域，我国感知交互、内容制作、近眼显示和渲染处理等技术还有差距；集成电路、传感装置、显示装置、光学元件等基础软硬件系统仍存在短板，下游整机设备、感知交互设备也有待提高。

数字内容创新的整体质量不高。目前国内作品在内容创作方面的内容质量、创新、内涵和承载的社会责任均不足，导致精品力作少。我国软件工具方面进口依赖度很高，内容制作软件和设计软件都未实现自主可控，对于数字创意产业长期稳定发展较为不利。在智能内容设计生成这一前沿领域，国外也占据主导优势。

创新设计水平大而不强。目前，我国学科交叉和协同创新的能力不足、意愿较低，与数字创意产业快速发展的需要不匹配。在数字创意设计领域，需要较多领域知识衔接融合、集成创新，涉及人工智能、云计算、大数据、人机交互、虚拟现实等前沿技术，而我国这些技术领域尚处于起步期，在数字创意领域渗透不够，距离先进技术和创新设计完美融合还有一段很长的路要走。多年来我国在涉及领域一直处于一个追赶者的位置，从习惯模仿向创新思维转变也需要过程。另外，优秀设计人才的缺乏也制约了行业创新发展。

三、政策动态

我国各级政府积极推动虚拟现实产业发展。国务院在2020年陆续出台《新时代爱国主义教育实施纲要》《关于进一步激发文化和旅游消费潜力的意见》《关于推进对外贸易创新发展的实施意见》等文件，进一步明确VR在教育宣传、文化旅游和商贸会展等领域的应用与创新。2021年，《中华人民共和国国民经济和社会发展第十四个五年规划和2035年远景目标纲要》出台，VR/AR产业被列为未来五年数字经济的重点产业之一。2020年2月，工业和信息化部发布了《关于运用新一代信息技术支撑服务疫情防控和复工复产工作的通知》，提出要深化 AR/VR 等新一代信息技术在复工复产中的应用，推广无人生产、协同研发、在线服务、远程运营等新业态、新模式。2020 年 3 月，工业和信息化部发布《关于推动工业互联网加快发展的通知》，提出引导工业互联网平台增强 AI、区块链、5G、AR/VR 等新技术的支撑能力，强化设计、运维、管理、生产等全流程数字化功能集成。2020 年，国家发展改革委发布《关于促进消费扩容提质加快形成强大国内市场的实施意见》，指出要加快发展超高清视频、VR 等新型信息产品，助力形成强大国内市场。2020 年，文化和旅游部发布《关于推动数字文化产业高质量发展的意见》，明确指出要引导和支持 VR、AR 等技术在文化领域的应用，推动现有文化内容向沉浸式内容移植转化。

各地政府积极推进本地虚拟现实产业发展。北京市提出依托石景山区打造中关村虚拟现实产业园，并发布《关于促进中关村虚拟现实产业创新发展的若干措施》，吸纳集聚覆盖产业链内容生产、分发渠道、终端器件、内容应用等各环节企业近百家，国际文化科技园“首钢 1 号高炉 SoReal 超体空间”、立足服务冬奥、全球分发的“5G VR 超高清云转播服务平台”等重点项目持续推进，并着手开展虚拟现实产业政策后续更新规划。青岛市、成都市、福州市、沈阳市等依托当地产业既有特色积累，据此结合虚拟现实产业链条部分领域重点投入。例如，青岛市依托虚拟现实龙头企业歌尔声学在整机设计、代工及关键器件上的产业链优势，积极招引多家高校院所落地发展，旨在探索产学研用的有机融合，并陆续出台《崂山区促进虚拟现实产业发展实施细则》《青岛市虚拟现实产业攻坚行动指南》等产业政策，提出以成规模、可落地、有产出的应用创新为产业发展新引擎。成都市于 2018 年发布《成都市虚拟现实产业发展推进工作方案》，依托国家软件名城的传统优势，提出在高新区、天府新区聚力发展 VR 工具/平台软件研发、内容制作与运营，着力打造 VR 内容制作运营高地和软件创新研发高地。福州市依托仓山区构建虚拟现实为代表的智能产业生态圈，由福建移动首发电信运营商云 VR 业务试商用计划，对探索虚拟现实云控网联的发展路径及规模应用起到了积极作用。沈阳市结合本地游戏电竞、艺术类高校相对集聚的优势，以云化架构为引领，积极拓展文化教育、娱乐传媒等创新应用，2020 年发布《沈阳市和平区关于提供 VR 云服务资源的补贴管理办法》对虚拟现实相关企业使用 VR 云服务资源提供补贴支持。政策驱动型以南昌市为典型代表，将虚拟现实产业作为发展新经济、培育新动能的重要抓手，举全省之力加以推进。江西省南昌市从 2018 年至今连续三年举办世界 VR 产业大会，深入打造首个城市级 VR 产业基地，明确提出要打造世界 VR 之都的发展目标，并成立了江西省虚拟现实产业链专家咨询委员会等智库组织。

第二节　中国数字创意产业重点领域分析

一、虚拟现实

（一）发展概况

虚拟现实的实现方式是通过一系列计算机、仿真等技术使用户身临其境。目前，虚拟现实按时间可大致划分为几个阶段：VR 产业元年至 2016 年，云 VR 产业元年至 2018 年，5G 云 VR 产业元年至 2019 年，2021 年 VR 将步入快速发展期。

在终端设备方面，规模逐步加大，功能定位更加明确，适配场景日益清晰，如华为 VR Glass、Focal 等虚拟现实终端通过增强通信连接能力和为摄像头提供虚拟助手功能，成为手机辅助功能的重要配件；Microsoft 的 Hololens2 等一体式增强现实终端可在某种程度上取代计算机；Facebook 的 Quest 2 等虚拟现实终端可作为影音设备等传统文化娱乐设备平台的进阶版。在下游内容应用方面，题材愈加丰富，内容与特定终端平台的绑定不像原来那么紧密，营销工具、内容开发与调试渐渐成熟，如 Facebook Quest 的内容收入已至 1.5 亿美元，35 款游戏带来的营业收入已达百万美元。在网络平台方面，2020 年，5G 创新业务实现“从 0 到 1”的关键质变，虚拟现实作为 5G 时代的关键创新产业，一方面能为 5G 提供普适的应用场景，另一方面 5G 也为打破单机虚拟现实小众化发展的瓶颈创造可能。

（二）技术进展

当前 VR 只能通过对眼、耳等感官的干预营造虚拟感，如 VR 眼镜、3D 环绕立体声、震动反馈等。其中，VR 眼镜难度较高、技术含量较多。以 VR 眼镜为例，1962 年，一位美国摄影师 Morton Heilig 提交了一台 VR 设备的专利，被认为是世界上第一台 VR 设备；1968 年，美国计算机科学家 Ivan Sutherland 发明了 VR 眼镜原型，被认为是最接近现代 VR 的设备；1995 年前后，VR 眼镜第一次在市场上引来一阵热潮，但当时技术甚为落后，很快消沉下去；2012 年，VR 眼镜设备 Oculus Rift 出现，重新唤起大众对 VR 领域的关注；2014 年，Google 发布 VR 体验版解决方案——Cardboard，这项开源决定使得人们能通过很低的价格体验新一代 VR 技术；2015 年，HTC 公司的 vive 问世；2016 年，索尼发布 PSVR；随后很多厂家开始研发、发布自己的 VR 设备，VR 新元年到来。

近年来，关于融合创新驱动 VR 的用户体验反响较好。虚拟现实主要包括单机智能与网联云控两条技术线，多数企业是基于单机智能技术线发展的，主要聚焦感知交互、近眼显示、内容制作与渲染计算领域的技术产业化、成本控制及研发创新等工作，网联云控主要用于内容上云后的相关流媒体服务。虚拟现实未来演进形态不是简单的两者叠加，而是将其有机结合在一起：在“端、用、云、网、人、边”等要素融为一体的创新体系下对现有系统框架进行重构，促进产业向高水平跃迁，进而在这一深度融合创新的框架下，重新界定并迭代优化一批新技术、新产品、新标准、新市场与新业态。结合虚拟现实跨界复合的技术特性，“五横两纵”的技术框架与发展路径更新完善，其中，“五横”是指感知交互、近眼显示、内容制作、渲染计算与网络传输，“两纵”是指虚拟现实与增强现实。各技术领域发展成熟度有所差异：在近眼显示方面，折反式（Birdbath）和快速响应液晶屏已实现规模量产，衍射光波导和 Micro-LED 已成为重点探索的方向；在渲染计算方面，注视点、云渲染和人工智能等技术进一步对渲染质量和效率平衡进行优化；在内容制作方面，OS、OpenXR、WebXR 等制作工具发展平稳，虚拟化身技术等前沿方向不断提升虚拟现实体验的个性化与社交性程度；在感知交互方面，由内向外的追踪技术已较为成熟，眼动追踪、沉浸声场和手势追踪等技术为自身的自然化、情景化与智能化发展提供了强大支撑；在网络传输方面，通过 5G+F5G 为 AI 双千兆网络构筑基础设施支撑，传输网络不断地探索编解码、传输推流、高带宽低时延、最低时延路径、虚拟现实业务、人工智能识别等新兴技术路径。

现阶段虚拟现实技术演进轨道尚未定型，技术供需面临多重挑战，存在超长的产业链条致使创新投入力不从心，现实效果与用户预期存在落差等问题。根据虚拟现实产业推进会（VRPC）产业分析与体验调优平台数据统计，对用户体验痛点清单按优先级排序可归纳为“用贵笨视晕传知”，即高品质爆款内容缺乏；高性能终端存在一定的价格门槛；外观形态吸引力不足，佩戴不够轻便；分辨率、视场角等方面的画面视觉质量有限；由头动响应（MTP）

时延、辐辏调节冲突（VAC）及晕动症等引发的晕眩感；因缺少适配虚拟现实业务的云网优化，致使网络感知不佳；缺乏令人耳目一新的使用体验与受众渠道，大众认知程度尚待提高。针对上面这些问题，根据马斯洛需求层次理论，分析用户需求与技术供给的潜在联系，将虚拟现实用户需求划分为经济性、舒适性、沉浸性、互通性四个层次。其中，经济性是指涉及终端、配件、内容与流量等软硬件在内的用户购置费用以及开机调配所需的时间精力成本。舒适性涉及佩戴、视觉与社交等方面，例如，佩戴可摆脱线缆羁绊，显著提高移动性，通过网络传输大幅降低本地处理负载，头显体积小、重量轻、发热少、透气好，终端重心靠近头部；支持较宽的瞳距（IPD）调节，注视点中心区域每度像素数（PPD）较高，无较低 PPD 与开口率产生的纱窗效应；显示亮度可调节，无 Mura 效应；具备蓝光控制，可在一定程度上缓解 VAC；在视场角（FOV）与眼动框范围内的颜色精准且均匀一致等。沉浸性可归纳为视觉、听觉、触觉、运动与嗅觉的临场感，例如，视场角、高动态范围图像（HDR）、MTP、注视点显示、动态沉浸声、触觉反馈、眼动/手势/姿态/脑电感知等因素。互通性既包含头显平台与交互外设、内容间的互联互通，也涵盖虚拟现实应用中多用户间的社交互动元素。

虚拟现实技术创新的难点与焦点在于需求指标间的权衡优化。对于诸多分场景、阶梯化和多层次的细分需求，常会出现研发问题，对于如何解决目标繁多复杂的用户需求这一命题，且不通过牺牲某方面需求来满足这一用户需求，成为业界技术创新过程中所面临的共性挑战。例如，沉浸性与舒适性需求层次中的部分技术指标存在潜在冲突，两者与经济性指标亦存在潜在互斥，因此特定单一指标的局部最优难以支撑虚拟现实用户体验所需的全局最优。在这一背景下，融合创新与以人为中心成为解决上述难题的参考原则。相比单机版的发展路径，基于“云、网、边、端、用”等多领域间的技术组合进一步释放了融合创新的潜在空间。此外，相比传统的智能终端与移动互联网业务，虚拟现实作为下一代人机交互平台，日渐强调以人的生理及心理特质为技术创新的出发点。

二、数字游戏

（一）发展概况

2020 年，我国数字游戏领域景气度较高，上半年受疫情影响，“宅经济”盛行，游戏行业实际销售收入同比增长 20.7%。从市场规模来看，2020 年我国游戏市场的销售收入达到 2800 亿元左右，其中移动游戏规模接近 75.0%，在游戏行业地位举足轻重，受疫情影响，线上娱乐明显提振；从上市游戏公司业绩看，过半数的公司营业收入和净利润有所增加。如图 10-1 所示为 2014—2020 年我国游戏市场规模。

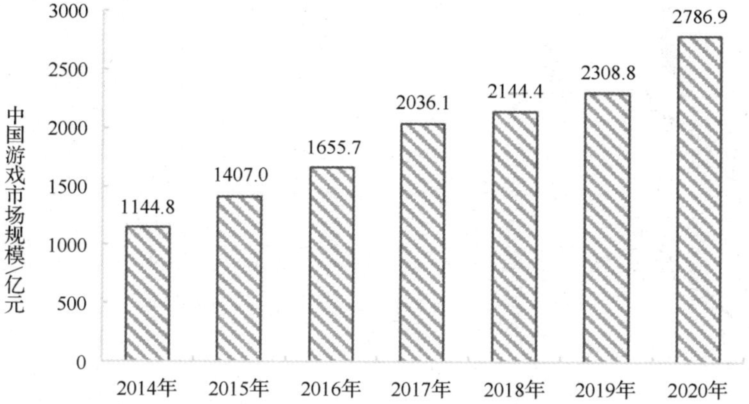

图 10-1　2014—2020 年我国游戏市场规模

数据来源：赛迪智库整理，2021 年 4 月

疫情期间足不出户，数字游戏成为“杀时间”利器之一，大量新用户居家休闲，开始尝试移动游戏，2020 年游戏行业整体规模逼近 7 亿元，已接近天花板，且国内不同游戏用户之间渗透率较高，目前行业的存量竞争激烈。2020 年，线上娱乐应用的日均使用时长中，在线阅读占比高达 22.80%，同比增长 3.00%（见图 10-2）。

（二）技术进展

云游戏目前仍是各大厂商的布局重点。云游戏是指在云端服务器运行、通过网络途径将游戏画面等参数传输到用户终端设备的游戏类型，对用户硬件要求较低。其特点是：硬件依赖性低，用户无须为游戏钢芯设备和配置；网络依赖度高，需通过网络对画面传输，极致体验需要极致网络环境，一般 4K 画质至少需要 35M 带宽，1080P 画质需要至少 20M 带宽，720P 画质至少需要 10M 带宽。云游戏这一新形式目前正在为行业带来新变革，为游戏公司在原有的存量竞争中开辟出新的市场路径，拓宽了业务形态，有助于行业良性竞争。

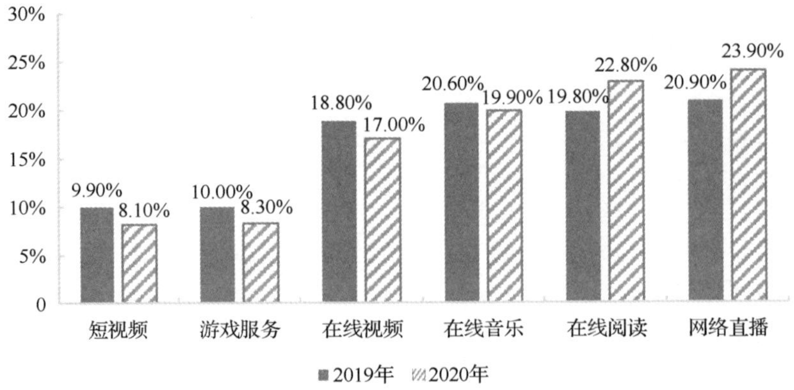

图 10-2　2019—2020 年我国线上娱乐日均使用时长变化占比

数据来源：赛迪智库整理，2021 年 4 月

对于游戏研发商来说，目前研发游戏不再局限于游戏设备内存要求，对游戏场景、游戏操作和用户容量边界都能进一步拓宽，且研发成本降低，打通终端限制，游戏研发商对不同机型适配性优化工作量将大幅降低。对于游戏渠道商来说，云游戏平台的诞生增加了游戏分发途径，渠道方竞争更加激烈，面临洗牌战。

第三节　中国数字创意产业年度热点事件

一、“2020 数字创意与产业发展高峰论坛”在浙江举行

2020 年 10 月 13 日，“2020 数字创意与产业发展高峰论坛”在浙江工业职业技术学院梅山校区图书馆报告厅举办，由院长毛建卫教授主持，中国工程院吾守尔·斯拉木院士结合后疫情形势和 AI 技术，对现有教育方式、内容和理念带来的革命性变化进行分析，从智能教育新模式、汉语高效率传播工程、智能教育需求三方面出发，做了关于智能教育治理新模式的报告。

吾守尔院士认为，大数据、互联网、AI 等技术正在对许多领域和各行各业产生巨大影响，基于大数据、深度学习、AR 等技术的智能教育正在形成以学习者为中心的智能化新型教育模式，目的是实现人才培养的多元化、准确性和个性化。浙江大学博士生导师汤永川教授就“创新设计与人工智能赋能数字创意产业”做了专题报告。汤教授介绍了国内数字创意产业发展动态、数字创意产业发展路径、数字创意产业内涵和浙江大学设计学的发展历程，

展示了近年来浙江大学在人工智能艺术设计创作方面的研究，现场分享了墨染 AI 字体设计、墨染 AI 艺术创作、中华艺术图像大数据和人工智能动态运动图标生成等技术与艺术结合的成果。

该论坛由中国创新设计产业战略联盟指导，参会人员包括中国创新设计产业战略联盟嘉宾、省内外企业代表、省内外高校师生代表和“一带一路”创新设计（绍兴）大展特邀专家等近 300 人。

二、《数字娱乐产业蓝皮书：中国游戏产业发展报告（2020）》发布

2021 年 4 月 9 日，北京电影学院及社会科学文献出版社在北京联合发布了《数字娱乐产业蓝皮书：中国游戏产业发展报告（2020）》。近年来，相关政策连续出台，为虚拟现实产业带来较好的发展机遇。

此书综合分析了 2019—2020 年中国游戏与电子竞技产业发展情况、产业科技、产业人才、产业政策等问题，对中国游戏产业发展现状进行了全面的分析与研究，对当前中国游戏与电子竞技产业发展面临的问题进行了深入挖掘，对产业发展趋势进行了分析与探讨。

一是中国游戏产业规模持续扩大。随着数字游戏终端的大范围普及和数字信息技术的迅速发展，全球游戏产业规模不断扩大。该报告提出，我国游戏的研发运营能力不断攀升，多款游戏产品上榜全球收入前十名榜单。在 2019 年的全球收入最高的游戏产品排行榜中，有三款我国游戏厂商自主研发的游戏产品进入前十名，分别是《王者荣耀》《和平精英》《英雄联盟》。2020 年 6 月，我国网络游戏用户规模已经达到 6.6 亿户。2020 年 1—6 月，我国游戏市场销售收入达 1394.93 亿元，同比增长了 22.34%。

二是 VR 游戏给行业带来新鲜活力。此书指出，2019—2020 年，虚拟现实技术的逐渐成熟推动了虚拟现实产业生态链的不断完善，虚拟现实游戏成为虚拟现实内容变现最突出的形态。虚拟现实游戏即通过虚拟现实技术对游戏场景进行模拟，戴上硬件设备即可使玩家感受到等比例的游戏世界和全景游戏情境，再配合手部交互、环境音效和感官模拟，让玩家可以在感官上感受与空间内的事物“互动”的感觉，赋予玩家实际代入感。

三是游戏企业正努力转型升级。此书指出，我国游戏市场转型升级已经成为诸多游戏企业的重要发力点，众多游戏厂商均聚焦以构建 IP 价值为核心的创新发展思路，探索发掘游戏产品与中国特有文化价值融合的可能，很好

地推动了以“我国文化”为题材的游戏产品的发展：头部企业主要采取赋予原有题材多元化创新的路线，通过与文化部门联合，不断用我国文化元素丰富产品呈现形式，如《王者荣耀》与我国传统历史元素有机融合，设计出蕴含中国文化背景的角色皮肤。游戏企业积极跟上新文创潮流，结合“国潮”和“国风”等概念，在现有的产品中持续扩展新内容，设计贴合市场偏好的新作品。

第四节　中国数字创意产业重点企业分析

2020 年，全球经济形势复杂多变，人类社会生活和生产方式都面临新的挑战，新冠肺炎疫情对许多行业造成了严重影响，与此同时，信息产业却在“不出门”的特殊时期迎来了发展机遇。数字创意产业作为新一代信息技术融合创新的典型领域，在大众消费和垂直行业中应用前景广阔，产业发展恰逢其时。目前，我国数字创意产业保持平稳快速增长，随着新一代信息技术应用逐步成熟，数字创意产业融合发展不断深入，催生了一批新技术、新业态和新模式，行业发展态势良好。同时，疫情在一定程度上激发了数字创意产业活力，一批优质的数字创意企业有望诞生，从而形成新的产业格局和生态。总体而言，技术的进步以及市场需求的扩张，使得我国数字创意产业蓬勃发展，国内自主企业发展迅速，各大龙头企业加大研发投入力度，力争突破部分领域国外垄断现状，中小企业占据一角，意图在细分领域一较高下。

一、2020 年中国虚拟现实（VR）50 强企业

虚拟现实产业主要包括设备工具、内容制作、内容分发等方面。工具和设备作为虚拟现实的基础支撑，其中显示设备、输出设备组成了虚拟现实的重要组成部分。虚拟现实产业中的硬件环节，如 VR 设备、显示设备等，作为连接现实和虚拟的桥梁，其重要性不言而喻，因此是虚拟现实的核心环节。软件环节方面，游戏、影视等内容制作是其重点，通过内容制作、内容分发等环节，建立与硬件相匹配的产业生态。此外，虚拟现实由于在技术、应用上的特性可应用于商业、教育等多个方面，因此也需要相应的行业应用和相关服务商，如众多的孵化器和媒体等。行业不断洗牌，2020 年，虚拟现实产业联盟发布的中国 VR50 强企业榜单较 2019 年产生了一些新变化（见表 10-2）。

表 10-2　2020 年中国 VR 50 强企业榜单

序号	企业名称	序号	企业名称
1	歌尔股份有限公司	26	上海曼恒数字技术股份有限公司
2	北京百度网讯科技有限公司	27	北京易智时代数字科技有限公司
3	宏达通讯有限公司（HTC）	28	杭州易现先进科技有限公司
4	科大讯飞股份有限公司	29	联想新视界（北京）科技有限公司
5	四川川大智胜软件股份有限公司	30	北京兰亭数字科技有限公司
6	福建网龙计算机网络信息技术有限公司	31	北京七维视觉科技有限公司
7	贝壳找房（北京）科技有限公司	32	中国动漫集团有限公司
8	亮风台（上海）信息科技有限公司	33	北京赛四达科技股份有限公司
9	上海影创信息科技有限公司	34	苏州美房云客软呫件科技股份有限公司
10	青岛小鸟看看科技有限公司	35	北京猫眼视觉科技有限公司
11	影石创新科技股份有限公司	36	红色地标（北京）文化科技有限公司
12	闪耀现实（无锡）科技有限公司	37	小派科技（上海）有限责任公司
13	上海乐相科技有限公司	38	广东虚拟现实科技有限公司
14	南京睿悦信息技术有限公司	39	江西科骏实业有限公司
15	深圳市瑞立视多媒体科技有限公司	40	北京格如灵科技有限公司
16	北京凌宇智控科技有限公司	41	深圳市虚拟现实技术有限公司
17	深圳市中视典数字科技有限公司	42	北京七鑫易维科技有限公司
18	威爱科技（集团）	43	未来新视界教育科技（北京）有限公司
19	北京金山云网络技术有限公司	44	杭州炽橙数字科技有限公司
20	深圳创维新世界科技有限公司	45	江苏视博云信息技术有限公司
21	北京耐德佳显示技术有限公司	46	塔普翊海（上海）智能科技有限公司
22	北京润尼尔网络科技有限公司	47	广州玖的数码科技有限公司
23	泰豪创意科技集团股份有限公司	48	北京触角科技有限公司
24	北京圣威特科技有限公司	49	北京市朗迪锋科技有限公司
25	上海风语筑文化科技股份有限公司	50	深圳市科创数字显示技术有限公司

资料来源：赛迪智库整理。

二、2020 年中国数字游戏领域主要企业

2020 年，我国数字游戏大量迈出国门，取得了丰硕成果。我国 2020 年移动游戏海外市场收入达到 154.5 亿美元，同比增长 33.2%。2020 年 1—12

月全球移动游戏收入榜单中，我国移动游戏有 10 个月占据榜首，国产游戏在世界的影响力已显著提高。

数字游戏行业迈出国门，中游运营商是主要参与者，产业链包括上游的 IP 提供商、游戏研发商，中游的游戏运营商及下游的出海服务商、广告主、发行渠道。上游主要是 IP 提供商和游戏研发商，游戏 IP 包括《梦幻西游》《天涯明月刀》等，是游戏开发的素材来源，目前市面上的游戏 IP 涉及领域广，包括小说、电影、动漫等，游戏研发商包括掌趣、天美工作室群等，单款游戏的研发费用从几千万元到几亿元不等，随着研发游戏的质量越来越高，研发费用呈明显的上涨趋势。中游运营商主要包括腾讯游戏、网易游戏、三七互娱等，主要负责游戏在海外市场的发行推广，其中游戏买量是常见的游戏推广方式之一，海外市场游戏买量成本约为中国的 65%。下游包括移动游戏服务商和发行渠道，移动游戏服务商主要包括 PLANUP、Mobvista、UCLOUD 等，主要负责为游戏企业在国外提供推广服务的设计与宣传。发行渠道主要包括 Twitter 和 Tik Tok 等，为国外市场投放广告提供渠道，也为游戏下载提供渠道。

热 点 篇

第十一章

新兴产业前沿领域

第一节　人工智能在工业互联网平台的四大应用场景

当前，以深度学习为主导的人工智能（AI）进入推广培育期，在医疗、金融、零售、安防、交通、能源等领域的探索步伐不断加快，自然语言处理、计算机视觉、精准营销、自动驾驶等人工智能应用市场增长迅猛。但在工业领域，受数据、算法、算力等因素制约，AI 应用的广度和深度受到限制。近年来，随着工业互联网平台的快速崛起，其海量的数据、内嵌的高效算法和对算力的强大支撑能力，为 AI 在工业领域的发展应用提供了土壤。尤其是 AI 应用于工业互联网平台设备层、边缘层、平台层、应用层四大场景，正在推动传统生产模式向实时感知、动态分析、科学决策、精准执行和优化迭代的智能化生产模式转变，为工业转型升级赋能。

一、工业互联网平台是人工智能应用的重要载体

工业互联网平台覆盖全流程生产数据。数据是应用人工智能的“燃料”。工业互联网平台从数据“量”和“质”两个维度入手，提升工业场景数据集的广度与深度，为人工智能应用提供支撑。从“量”的方面看，工业互联网平台汇聚了数以千万计的设备和传感器，对异构系统、运营环境、人员信息等要素实施泛在感知、高效采集和云端汇聚，实现了海量数据的广泛集成。从“质”的方面看，工业互联网平台通过构建设备、产品、系统和服务全面连接的数据交流网络，充分挖掘实时有效的工业大数据，搭建数据自动流动的赋能体系，为深度学习的模型训练提供优质的训练集、验证集和测试集，切实提高人工智能模型自学习、自决策、自适应的有效性。

工业互联网平台推动工业知识算法化。算法是人工智能应用的关键。工业互联网平台作为工业全要素、全产业链、全价值链连接的枢纽，打通了工业知识向工业算法转化的通路，为构筑工业领域人工智能算法库提供助力。一方面，工业互联网平台丰富了算法理论来源。依托工业机制基础和数据模型分析，工业互联网平台将隐性的工业技术原理、行业知识和专家经验进行代码化、算法化，重构了工业知识创造和应用体系，面向特定工业场景提供针对性强、鲁棒性高的算法。另一方面，工业互联网平台降低了算法开发成本。工业互联网平台通过提供开发环境和各类工具，助力开发者打造工业App与微服务体系，将各类工业知识封装成可交易的模块组件，推动工业算法在更大范围、更高频次、更短路径上创造、传播和复用。

工业互联网平台构建协同算力资源池。工业场景具有环境参数复杂、工序步骤精细、实时性要求高等特点，应用人工智能技术对算力要求较高。工业互联网平台基于云架构汇聚企业内外算力资源，根据实际需要统一调配，搭建广泛聚集、高效协作的算力供给体系，为人工智能应用提供稳定的支撑保障。在企业内部，工业互联网平台汇聚内部算力资源构建算力资源池，针对不同时段、不同用户和不同级别的算力需求，基于大数据分析统筹使用内部设备，提高设备使用效率。在企业外部，工业互联网平台对接各类算力提供商，通过租借、购买等方式，补充企业内部算力的不足，以提升整体算力水平，缩小人工智能应用需求和实际算力之间的差距。

二、多维应用场景加快人工智能与工业互联网平台融合

设备层：机器智能构建新型人机关系。企业依托工业互联网平台，在生产、控制、研发等领域的设备上运用人工智能技术，构建人机协同、互促共进的新型人、机、物关系。一是设备自主化运行，如复杂工料分拣、设备自运行等。机械臂、运输载具和智能机床等产品，通过搭载机器学习算法、路径自动规划等模块，实现对不同工作环境和加工对象的动态适应，提高设备操作的精度和复杂度。二是人机智能化交互，如动作识别、语音用户界面等。应用语音识别、机器视觉等技术，打造人性化、定制化、高效化的人机交互模式，提升控制装备在复杂工作环境的感知和反馈能力。三是生产协同化运作，如协作机器人、仿生工位等。利用人工智能技术将人机合作场景转变成学习系统，持续优化运行参数，为操作员提供最优的生产环境。例如，德国Festo 公司基于仿生协作型机器人开发人机协作生产的智能化工位，可将人

从重复性、危险性高的工作中解脱出来，提高了生产效率。

边缘层：边缘智能提升边缘侧实时分析处理能力。边缘智能技术通过协同终端设备与边缘服务器，整合计算本地性与强计算能力的互补优势，从而减少非必要的数据传输、降低模型推理延迟与能耗。具体有以下三类应用：一是智能传感网络。东方国信、寄云科技等企业通过建设智能网关，动态实现 OT 与 IT 间复杂协议的转换，提供安全高速的数据连接与数据采集服务，强化对带宽资源不足和突发网络中断等异常场景的应对能力。二是噪声数据处理。天云网、海尔集团等通过智能传感器采集多维数据，利用基于人工智能的软件识别减小确定性系统误差，提高数据精度，从而实现物理世界隐性数据的显性化。三是边缘即时反馈。思科、微软等企业通过分布式边缘计算节点进行数据交换，及时比对云端广播的模型和现场提取的特征值，基于边缘端设备实现本地快速响应和操作优化，减少云端运算压力和处理延迟，实现云端协同。

平台层：大数据分析构建“数据+认知”算法库。工业互联网平台基于 PaaS 架构，打造由数据存储、数据共享、数据分析和工业模型等组成的整体数据服务链，把基于数据科学和认知科学的两类工业知识经验沉淀在可移植、可复用的人工智能算法库中。在数据科学领域，企业构建以机器学习、深度学习为核心的数据算法体系，综合利用大数据分析、机器学习和智能控制等算法，通过仿真和推理解决已知的工业问题。例如，美国康耐视公司开发了基于深度学习的工业图像分析软件，能以毫秒为单位识别缺陷，解决传统方法无法解决的复杂缺陷检测、定位等问题，使检测效率提升 30%以上。在认知科学领域，企业从业务逻辑原理出发，通过搭建以知识图谱、专家系统为代表的认知算法体系，解决机制未知或模糊的工业问题，如企业智能决策、风险管理等。实际上，西门子、IBM、华为等公司通过构建供应链知识图谱，汇集气象、媒体、交通和物流等信息资源，大大提高了供应链风险管理效率。

应用层：商业智能提升工业 App 数据挖掘深度。开发者依托工业互联网平台提供的开发工具和框架，面向不同的工业应用场景，开发搭载人工智能的特定工业 App，利用人工智能手段赋能现有生产过程，为用户提供各类在平台定制开发的智能化工业应用和解决方案，主要有以下几类：一是预测性维护。利用机器学习方法拟合设备运行复杂非线性关系，提升预测的准确率，降低运维成本与故障率。德国 KONUX 公司结合智能传感器及机器学习算法构建设备运行模型，使机器维护成本平均降低了30%。二是生产工艺优化。依托深度学习绕过机制障碍，通过挖掘数据隐藏特征间的抽象关系建立模型，并找出最优参数组合。TCL格创东智针对液晶面板的成膜工序，通过机器学习算法实现了关键指标的预测与品质优化，年收益达到近千万元。三是辅助研发设计。通过应用知识图谱、深度学习等技术构建设计方案库，对设计方案提供实时的评估反馈。美国UTC依靠知识图谱解决了多个产品研发问题，设计出的换热器传热效率能提高80%，设计周期仅为原来的1/9。四是企业战略决策。利用人工智能拟合工业场景中的非线性复杂关系，提取非结构化数据构建知识图谱和专家系统，为企业提供战略方案选择。美国初创公司Maana聚焦石油和天然气领域，协同应用知识图谱与数据科学，为GE、壳牌、阿美等石油巨头提供企业级决策建议。

三、几点建议

夯实产业基础，突破人工智能与工业互联网平台融合的关键共性技术。一是构建高质量的公共数据集。鼓励满足条件的工业互联网平台企业开放具备一定规模的生产环境、视频图像、文本对话等数据集，建立高质量的公共测试数据库。二是加大算法研发应用力度。推动科研院所、行业龙头企业开展协同研发和创新应用，围绕卷积神经网络、递归神经网络等算法开发相关工具，完善开发环境。三是提升算力支撑能力。引导和培育一批算力提供商和算力交易平台，探索算力租赁、交易、托管等新服务模式。

聚焦场景应用，引导加快面向工业互联网平台的人工智能产品开发。一是加快重点智能设备研发。加快智能传感控制、智能检测装配、智能物流仓储等重点技术装备的开发，布局和积累一批核心知识产权。二是突破边缘智能核心技术。重点突破图形处理器、现场可编程门阵列、专用集成电路等一批关键核心技术，提高硬件基础支撑能力，实现围绕边缘设备的感知、控制、决策和执行等功能。三是加快行业机制模型沉淀。聚焦AI工业应用，建设工业互联网模型算法公共测试验证中心，坚持以测带建、以测促用。四是培育基于AI的工业App。引导工业互联网平台企业搭建制造业创新中心，开放开发工具和知识组件，构建开放共享、资源富集、创新活跃的工业App开发生态。

完善生态体系，构建工业互联网平台跨界融合新模式。一是强化示范引领。在现有工业互联网平台相关专项和试点示范中，增添人工智能方向的应用试点，加快推动复杂环境识别、新型人机交互等人工智能技术与工业互联平台融合发展。二是优化公共服务。面向语音识别、视觉识别、自然语言处理等领域，建设能够提供知识图谱、算法训练、产品优化等共性服务的平台和开源社区。三是增强人才储备。鼓励高等院校设置人工智能工业应用课程，开展人工智能专题教育和培训，加紧培育一批急需的人工智能人才。四是加强宣传推广。通过开展现场会、人工智能大赛等形式，凝聚行业共识，提高公众认识，挖掘优秀做法，推广典型案例，积极营造产业发展的良好氛围。

第二节　以智能化手段破解依法防疫困境的三点建议

疫情防控越是到最吃劲的时候，越要坚持依法防控，在法治轨道上统筹推进各项防控工作，保障疫情防控工作顺利开展。在疫情大考中，我国依法防疫体系暴露出不少问题，如人员不足、预警不强等。赛迪研究院规划研究所认为，要建立更为高效的依法防疫体系，就应加强智能化系统和装备的应用，以“机器换人”和“指挥上云”解决疫情期间执法中的现实问题，为更从容、更科学地应对重大突发公共卫生事件奠定良好基础。

一、依法防疫面临人防持续性差、成本高的天然困境

成本因素导致的“人少点多”矛盾难以从根本上解决。根据相关媒体统计，在抗击疫情一线伤亡的执法力量，多是因连续工作缺乏人手替代，导致熬夜和过度疲劳突发疾病。这种情况说明，布控点多、执行任务多、日常工作多的情况如果不能根本改变，不仅执法力量捉襟见肘，依靠高强度工作弥补力量不足的现行模式也不可持续。在短期内大量扩充执法队伍不现实的情况下，依靠智能化技术与装备是可行途径。比如，在深圳、浙江、湖北等地的抗击疫情执法一线，出现了辅助执法的机器人，对工作效率的提升超出预期。

预警能力不强导致到处灭火浪费机动力量。将危险和隐患消灭在苗头初期是成本最低、效率最高的。西方发达国家认为，日常行为范式决定了突发情况中的个体选择，因此美国情报部门利用谷歌、脸书、推特的大数据，对人群中标记的“潜在恐怖分子”提前控制。在防控疫情过程中，有些人故意冲击路卡、趁火打劫，甚至有些人精神失控攻击医护人员等突发情况偶有发生，其中相当一部分人曾有违法违纪前科，或是精神类疾病。在应急状态下，

有前科和反社会倾向的人员本应实现事先控制和预警，但由于缺乏统计和识别方法，致使这些不稳定因素能够轻易引发各类突发事件，在扰乱社会秩序的同时严重浪费了警力。

执行难反映出法律的贯彻落实不能完全依靠一线执法人员。疫情期间，部分城市发生了闯卡、伤医、拦截物资等危害公共安全的行为，由于各种原因，基层执法者多以劝说处理为主，证据留存等工作开展不力，致使有人多次重复类似行为。依法治国的核心在于法律的贯彻，但在人情社会，贯彻法律仅依靠基层执法者远远不够，很可能会出现因人而异致使事情处理尺度不一的现象。由此可见，自动化的“行为—法条对应”、证据采集、自动上报等手段实施势在必行。

二、几点建议

建设社会智能安防机器人网络。一是构建标准化安防机器人平台。建议行业主管部门联合公安部门，与相关企业共同开展安防机器人平台设计，即构建以安防机器人为终端，安防云计算和边缘运算为技术支撑的社会智能安防机器人网络。二是协调标准化安防机器人平台快速达产。成立部际层面的安防机器人平台生产管理协调小组，根据抗击疫情和维护社会稳定的迫切需求，推动安防机器人平台快速形成产能并达产，优先供给疫情一线、医疗卫生部门和物资保障部门。三是建立安防机器人控制指挥网络。协调小组推动建立安防机器人指挥系统，采取扁平化架构，基于 5G 技术开展远程安防机器人遥控。持续优化安防机器人自带 AI 系统，争取在 5 年内实现管理人员有限介入的安防机器人蜂群自组织模式。

完善公民社会违法失信分级制度和智能化预警机制。一是依托公民信息大数据库和社会信用大数据库，在现有违法失信数据库的基础上，完善公民社会违法失信评分系统。建议行业主管部门联合公安部门及大数据企业，建立国家级公民身份信息数据储存中心和运算中心，其中应包含公民的各类违法、违规和失信行为信息，扩容现有数据库和数据分析能力，打通部门数据壁垒，实现社会违法失信等历史信息与人脸等生物特征、手机等电子特征，以及身份证、银行卡等信息的深度绑定，通过提高运算水平缩短从识别身份到反馈违法失信可能带来社会危险性的反应时间。二是设置对评分较低人员在交通运输、资本信贷和移动通信等领域的活动权限。加快各类系统的数据整合，在实现快速识别的基础上，对违法失信评分较低人员在参加各类公共活动、前往敏感地点、使用公共资源，以及在特殊时期出行等方面设置一定的权限。三是依托电子围栏、天眼等系统，建立自主标准、安全可控的智能社会危害预警系统。当检测到违法失信评分较低人员进入各类可能产生重大危害的区域时，实现自动识别隐患并通知安保人员，在发生险情后自动发送信息调动周边应急力量前往现场处置。

加快对违法行为自动识别的人工智能技术攻关。一是依托天眼网络，建立类似机动车违法自动识别系统的违法行为自动识别、报警和证据留存系统，对袭警、抢劫、偷盗物资、跨越管控区域等判定较简单的行为进行自动判定、警告和取证。建议在有条件的城市和城市群优先分批次更新和部署高清晰度、5G 实时连接的新型多功能音视频采集系统，解决分辨率与识别目标不匹配问题。二是借鉴西方国家网络情报和舆论影响自动化系统经验，行业主管部门应联合公安、国安等部门，基于自身及企业既有网络舆情监控和引导控制系统，建立反谣言和网络攻击智能系统，对互联网恶意谣言进行自动识别和溯源，对特殊的互联网人群进行标记。三是为一线执法人员探索研制“行为—法条匹配”终端。行业主管部门应联合立法、执法和司法部门，开发对现有法律条文和司法解释与判例进行对照机器学习的技术，研制通过行为判断对应法条的“行为—法条匹配功能”智能系统终端，辅助基层民警、辅警进行实时违法行为识别、证据采集和嫌疑人处置。

第三节　从特斯拉降价看我国造车新势力发展方向

2021 年 1 月，特斯拉 Model Y 售价从 48 万元降到 33 万元。在宣布降价后 10 小时，订单数量接近 10 万辆，到 1 月 6 日，特斯拉官网显示的交付日期已排到 2021 年第二季度。特斯拉降价并非新鲜事，从 2020 年 5 月 Model 3 价位下调到 25 万元，至此次 Model Y 降价，特斯拉已降价 7 次。特斯拉降价势必会对我新能源汽车产业链供应链造成冲击，其中对标特斯拉国产新能源汽车高端市场品牌的造车新势力首当其冲。

一、特斯拉降价原因分析

2020 年，特斯拉销量达到 137459 辆，高于紧随其后的蔚来、理想、比亚迪和小鹏四家品牌销量之和（见图 11-1）。此次特斯拉降价后，预计特斯拉在中国 2021 年的销量将突破 30 万辆，而据中汽协预计，2021 年中国新能

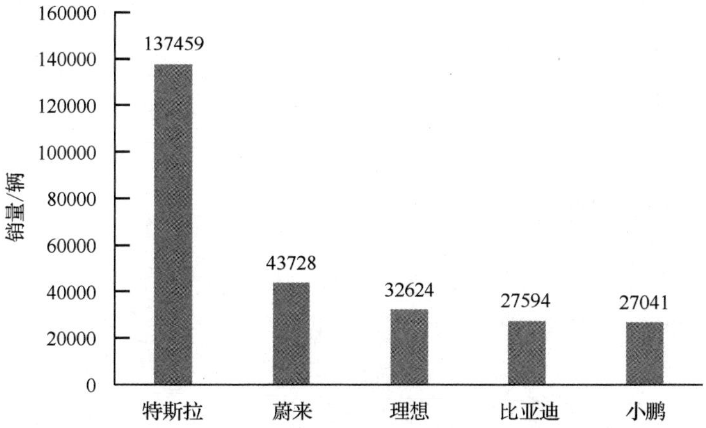

图 11-1　2020 年主要品牌新能源汽车国内销量

数据来源：赛迪智库整理

源汽车销量约 180 万辆，即特斯拉一家就占据市场份额的 1/6。特斯拉之所以能够在保证产品质量性能的前提下，通过持续降价，不断抢占国内新能源汽车高端市场，其底气来自以下三方面。

一是规模效应助力特斯拉整车生产成本下降。据统计，2020 年特斯拉累计产量接近 51 万辆，全球交付量达 499550 辆，基本完成年初预计 50 万辆的销售目标，销量同比增长 35.8%。随着疫情逐渐得到控制，市场需求越发强劲，特斯拉销量势必进一步提升，其市场份额和产销规模也将不断扩大，预计 2021 年特斯拉销量或超 220 万辆。巨大产销规模的形成和逐渐壮大，使规模效应日益凸显，特斯拉生产成本进一步降低。

二是摩尔定律助力特斯拉新产品性能更优。特斯拉将产品主要成本结构里的机械零部件大部分换成符合摩尔定律的半导体器件，使特斯拉整车产品符合摩尔定律，即新产品的性能远优于上一代，而成本不变甚至更低。特斯拉 Model 3 的动力系统、电子控制、车身底盘、内饰安全等价值占比分别约为 53%、18%、14%、16%，其中半导体器件所涵盖的领域包括动力系统中的电机、电控、配电模块、电池热管理系统和电子控制等部分，占总成本的 70%左右。

三是网络效应助力特斯拉边际成本递减。网络效应是互联网企业的特征，是指在一个网络中，用户越多、企业越有价值，企业越有价值、越能吸引更多的用户，以此不断提升用户黏性。特斯拉拥有全球最大的智能驾驶客户群、数据训练集、最领先的算法平台和完备的完全自动驾驶（FSD）计算平台，具有典型的互联网企业特征。随着越来越多的用户连接到特斯拉的网络中，从而使特斯拉品牌价值不断增加，用户黏性日益增强，进一步吸引更多的用户，如此周而复始，使特斯拉边际成本递减。

二、特斯拉降价对造车新势力影响研判

发展窗口期日益压缩，造车新势力已有市场份额将受到冲击。蔚来、理想和小鹏等国内造车新势力，基于特斯拉在全球塑造的新能源汽车概念和原型，抢占了特斯拉工厂建设运行前的绝佳窗口期，选择从高端市场入手，针对我国用户和市场特点，以炫酷车型吸引了一批消费者，打出了一张品牌塑造的好牌。然而，随着特斯拉工厂投入生产，产品价格持续下调，留给造车新势力的窗口时间已经不多。特斯拉市场份额的逐步扩大，对造车新势力现阶段已占有的市场必然形成极大的冲击。

资金回笼难度提升，造车新势力可持续发展难度加大。造车新势力市场是以抓住特斯拉窗口时间、用户需求、大量资金投入等为前提的，现有产能无法取得盈利，需要长期资本注入才能够站稳脚跟。特斯拉持续下调价格、推出新产品、更新技术等发展策略，无异于包抄造车新势力的发展后路。在品牌力、产能和性价比等优势都逐渐被特斯拉占据时，造车新势力资本吸引力也将被大幅削弱。如果缺乏持续的资本投入，其产品研发、生产、供应链稳定性的维系等或将难以为继。

市场遭受严重挤压，造车新势力供应链可能受到波及。在新能源汽车产业链领域，动力电池是我国具有明显竞争优势的产业，尤其以宁德时代等企业为代表。网上公开资料显示，2020年上半年，蔚来、理想和小鹏等造车新势力分别占宁德时代产品销量的12.1%、4.9%和3.4%，三家车企占宁德时代产品销量的1/5以上，蔚来汽车更是宁德时代第一大客户（见图11-2）。特斯拉电池供应商目前主要是松下，未来还将考虑自建电池生产线。随着特斯拉在新能源汽车市场全面进军，造车新势力及其他国产新能源车企市场将逐渐被强势挤压，其供应链环节动力电池等配套产业必将受到不同程度的影响。

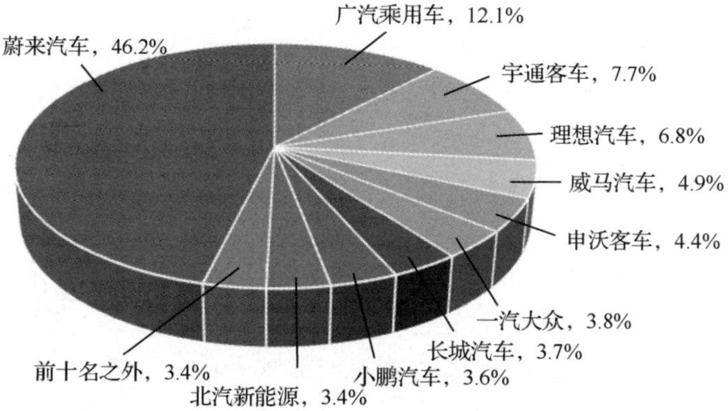

图 11-2　2020 年上半年宁德时代主要客户

数据来源：赛迪智库整理

三、造车新势力发展方向建议

战略定位要善于顺势，始终坚定高质量产品路线不动摇。我国造车新势力产品自进入市场之日起，就定位于新能源汽车高端产品市场，通过前期大力投入，产品获得了很多用户的高度认可，现在已占有相当的市场份额，初步形成了良好的市场品牌和产品口碑。一旦放弃既定市场定位，已有市场份额将迅速不保，再次使我国新能源汽车高端市场国产品牌空白化。因而，面对特斯拉的强势进攻，造车新势力应该沉着应对，坚持高质量产品发展战略不动摇。政府层面应积极给予资金支持，鼓励和帮助造车新势力企业扩充融资渠道，以继续保持和提高研发投入强度，不断提升生产技术水平，持续推出让用户充分认可的好产品，巩固和扩大国产品牌新能源汽车高端市场份额。

战术运用要敢于取势，全面强化“合纵连横”共同抵御特斯拉的强势挤压。一方面，动力电池是新能源汽车的关键核心部件之一，占据新能源汽车成本的 30%～50%。为保障造车新势力持续发展，需要“合纵”。政府层面应通过资金补贴、税收减免等方式，支持造车新势力深化与宁德时代、比亚迪等动力电池头部企业合作，全面争取产业链上下游全力支持。另一方面，2020 年蔚来、理想和小鹏三者销量之和约占特斯拉销量的 75%，合力之后足以与之匹敌。为保障造车新势力长期发展，需要“连横”。政府层面可牵线搭桥，推动造车新势力之间建立协同创新联盟和市场、资金、销售等环节互助联动机制，共同筑牢我国新能源汽车高端市场统一战线。

舆论宣传要勇于造势，牢固树立国内新能源汽车产业标杆型企业形象。

一方面，政府层面可通过主流媒体、官方报道等平台，帮助造车新势力加大宣传，提升品牌知名度和影响力。我国造车新势力各具优势，小鹏自动驾驶领域具有核心竞争力，蔚来售后服务有助于形成客户黏性，理想车机与驾驶辅助系统智能试驾体验较好。因此，要助力造车新势力大力宣传其自动驾驶、售后服务和试驾体验三方面的特色优势。另一方面，造车新势力要以特斯拉的问题短板为前车之鉴，突出竞争优势。特斯拉断电事件使特斯拉充电问题成为用户关注的热点，特斯拉正值产量快速扩张期，其安全问题必然受到广大客户重点关注。造车新势力应在充电领域加大投入，避免类似问题发生，与特斯拉形成差异性竞争优势。

第四节　强化行业应用，系统推进5G发展

当前，世界各国都在积极推进5G发展。与此同时，对于5G的经济价值前景如何以及应怎样发挥5G作用，也出现了一些质疑和讨论，而在新冠肺炎疫情背景下的5G发展路径更是引人关注。近日，普华永道发布《5G对全球经济的影响：驱动明天》（以下简称《报告》），分析了5G对经济的作用，并就“后疫情时代”的5G发展提出了建议。赛迪研究院分析认为，《报告》的观点有创新性，能够给我国5G发展带来有价值的启示。

一、《报告》主要观点：5G将带来巨大经济影响，“后疫情时代”应大力发展

《报告》认为，5G将带来重新思考业务模式、技能、产品和服务的契机，全球所有经济体都将从5G技术应用中获益。基于专家洞察和经济模型，《报告》评估了5G对全球经济的影响。在领域层面，重点分析了医疗保健、智能公用事业、消费者和媒体、工业制造、金融服务五个领域，并认为，到2030年，这些领域通过运用5G技术将分别为全球GDP贡献5300亿美元、3300亿美元、2540亿美元、1340亿美元和860亿美元。总体来看，5G应用能够提升生产力和效率，推动商业、技能和服务变化，到2030年使全球GDP增长超1.3万亿美元。在地区层面，北美地区将从5G技术应用中获得最大收益，其次是亚洲、大洋洲、欧洲、中东和非洲（EMEA），因此，合理部署和监管5G技术有助于提升区域竞争优势。在国家层面，《报告》对中国、澳大利亚、德国、印度、日本、韩国、美国、英国这8个已广泛应用5G的经济

体进行了量化分析，并认为美国、中国、日本从 5G 技术应用中获益将最多，分别为 4840 亿美元、2200 亿美元和 760 亿美元。分领域来看，美国和澳大利亚从金融服务应用中获益最多，印度从智能公用事业中获益最多，中国和德国则在制造业收获最多。

《报告》指出，5G 带来的经济价值将是多样化的，5 年后将加速显现，且随着时间而逐渐增长。一方面，5G 对经济影响的规模和性质会因行业和国家而存在差异，原因之一是 5G 的经济价值可能间接体现。例如，在医疗保健领域，5G 在远程医疗监控与咨询、实时住院数据共享、改善医患沟通和医院自动化等方面的应用将不断提升健康水平、降低医疗成本。这不仅能够释放政府资源，使相关资源用于其他方面，而且能够降低税收，让消费者将原本用于医疗保健的支出花费到其他领域。另一方面，随着 5G 应用逐渐普及，其带来的经济收益将从 2025 年开始加速增长。目前，全球电信企业将 5G 工作的重点主要放在基础设施建设和推广方面，5G 对经济增长的贡献仍相当有限。预计，从 2025 年开始，支持 5G 的应用将越来越广泛，先前的基础设施投资终将发挥作用，5G 将直接为企业、员工、客户，以及最终为整个经济系统创造更高的价值，激发全球经济的巨大活力。

《报告》指出，5G 革命将为全球经济创造巨大的新生产潜力，企业和政府应在发展和应用方面大力创新，充分发掘 5G 技术潜力。一是利用新冠肺炎疫情加速各领域数字化进程的契机，以 5G 作为数字化发展的催化剂，对既有业务模型和流程进行评估优化，基于 5G 提供新业务、新服务，以此推动经济活动的更强劲反弹。二是将 5G 纳入技术路线图，思考和采用新的业务模型，对运营方式、产品服务提供和市场开拓手段等进行重新审视，并建立与各类合作伙伴间的协作关系，以此为基础推动新业务、新模式发展。三是注重技术融合，将 5G 与人工智能、扩展现实（XR）、边缘计算、物联网等紧密结合，打造“技术飞轮”，发挥更大作用。四是政府部门在加强 5G 基础设施建设的同时，鼓励和激励 5G 投资，加快制定远程医疗、自动驾驶汽车等 5G 应用领域的产业政策，优化 5G 发展和应用环境。五是明确和公开 5G 战略实施情况及其经济社会价值，增强对 5G 发展的信心，更好地把握 5G 带来的新发展机遇。

二、主要启示

我国“十四五”规划提出，要构建基于 5G 的应用场景和产业生态，在智能交通、智慧物流、智慧能源、智慧医疗等重点领域开展试点示范。工业和信息化部发布的《"双千兆"网络协同发展行动计划（2021—2023 年）》再次就 5G 发展和应用明确了目标与任务。在此背景下，普华永道此《报告》的观点亦能带来新的启示，值得思考和借鉴。

坚定 5G 发展信心，持之以恒地推进。当前，由于 5G 基础设施建设与应用呈现出"热冷不均"的局面，一些质疑 5G 的声音也不可避免地出现。《报告》中的多个观点可以对此进行回应。一方面，基于模型判断，《报告》认为 5G 将带来巨大的经济价值，且我国的预期获益规模位居前列，这是有科学依据的分析结论。另一方面，《报告》认为，5G 技术的卓越特性不仅会带来更高效、更具生产力的未来，而且拥有强大现代工业生产部门的国家可能比依赖银行业等服务业的国家受益更多。我国有着最健全的工业门类和全球领先的工业基础，在 5G 领域将更有作为。因此，应坚定发展 5G 的信心，有目标、有步骤地加以推进。

重视加快行业应用特别是通用型应用。从《报告》对主要领域运用 5G 带来的经济价值看，消费类业务并非最显著领域，这与目前的实际情况和业界的主流判断一致。《报告》还认为，5G 在诸多行业领域的创新应用将为全行业和整个社会创造价值。因此，未来 5G 发展必须高度重视甚至要首先重视行业应用，将其作为推动 5G 增长的关键。5G 的行业应用，一方面不能浅尝辄止于"盆景型"应用的展示，应注重具有可复制性、可推广性的通用型行业应用的研发，让 5G 应用具备可爆发性发展的基础；另一方面，不能仅仅注重短期的、直接的收益，还应重视壮大 5G 应用带来的间接经济价值及社会价值。例如，在能源领域，通过基于 5G 的智能电表和智能电网实现节能，以及通过 5G 应用跟踪废物、漏水以改善废物和水务管理，不仅能降低成本，更能减少碳排放和废弃物，对生态发展有重要作用。

注重加强 5G 发展的生态体系建设。当前，5G 发展还处于以基础设施建设为主的阶段，但在认识上不能仅着眼于此，必须在考虑"建好"的同时想到如何"用好"。为此，要以价值创造为导向，加快推动 5G 专用设备发展、5G 业务监管制度确立和 5G 应用政策的制定，从而健全 5G 大产业链、优化 5G 发展环境。同时，要注重 5G 相关技术生态的建设，推动 5G 与人工智能、扩展现实、物联网、大数据等技术的紧密融合，探索创新更多应用路径和业务种类，发挥技术融合带来的更大价值。

第五节　生物制药企业的未来：开启智能制造之旅

当今生物制药产品种类繁多，制药方式也纷繁多样。然而，各类生物制药企业却面临着共同挑战：如何以更灵活的方式生产安全、高质量和更具性价比的药品。在智能工厂，机器能够自主运行整个生产工序。机器人、数据分析、分布式记账、视觉系统、增强现实、虚拟现实、人工智能（AI）和物联网（IoT）等技术共同连接不同工序、应对并适应新情况。随着精益制造、备用供应商和其他传统改进手段的成熟，智能工厂能极大提升生产效率。

一、生物制药企业面临挑战

生物制药企业实现高质量制造面临四个方面挑战（见图 11-3）：一是虽然单个生产环节实现了高度自动化，但整个生产流程却需要人工干预才能实现。二是必须对产品的质量和安全性进行严格把控。三是仿制药或生物类似药迅速进入市场，从而导致原研药企业收入和利润迅速下降，加之技术的快速变革和短暂的产品市场生命周期，令投入巨资的制药企业生命周期相对较短。四是许多生物制药企业需要借助合作才能完成药品生产，其间必然涉及产品的运输，需要具有较强的供应链管理能力。

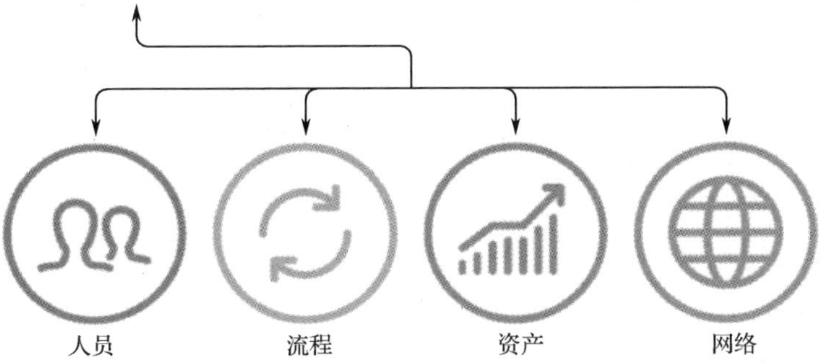

图 11-3　生物制药企业面临的四大挑战领域

如何应对上述挑战是改善现有生物制药生产的关键，在其中一个或多个方面的实质性改进是催生智能工厂的必备条件。这种改进有望令质量、效率、工期和整体水平得到极大改观。

二、构建改革尝试

制造业是一个集科学发明、新工具、新系统和新生产技术之大成的领域。

在任何企业，生产制造往往是最后进行创新的板块之一，因为制造创新可能需要占用大量价值不菲的停工时间、漫长的许可证申请、法规更新周期以及大量的资金投入。因此，必须说服管理层相信生产创新能带来可靠的价值，企业才愿意承受运营停滞的风险。

生物制药工厂实现向智能工厂的转变，有两方面工作非常关键。一是针对精选领域进行数字化方案试点，将干扰限制在一定程度内。一旦数字化方案试点被证明行之有效，就可将试点扩展到整个组织。二是建立稳健、可行的商业案例，明确展现智能工厂有望带来的收益。对于生物制药企业来说，智能工厂的五个关键特征能带来极大收益。

1. 连接性

整合运营、业务系统、供应商和客户数据，可提高上下游工艺的透明度，从而提升效率。以生物制药为例，通常一个生物反应器有 6 个不同的数据源、300 多个传感器和执行器，每秒生成近 50MB 的数据。然而，一家生物制品签约生产商通过将传感器、执行器及其他数据源与其后续企业建立起虚拟连接闭环，每年减少了三批生产损失，并创造高达 3500 万美元的直接价值。

2. 透明性

数据实时可视化使整个网络更具透明性，有助于进行更明智的决策。基于角色的视图、预警和通知以及实时跟踪和监视都是行之有效的手段。例如，通常一个生物制药工厂的生产车间的多批次工艺控制系统及所有自动化接口均能生成实时数据。富有远见的生物制药企业已经将其所记录的生产车间工艺参数与生产执行系统、实验室信息系统和环境监控系统的其他数据集连接起来，创建操作人员可视界面，从而将生产车间的人为错误率降低到每 5 万次交接中仅出现一次。

3. 预见性

智能工厂可以根据历史数据和实时数据预测未来结果，这赋予从业人员预测与响应能力，从而做到未雨绸缪。例如，预测原材料的变化并根据原材料质量对工艺做出相应调整，可使血浆生物制品产量增加 3 倍以上。这种主动、预见性前馈控制所带来的收益可超过制造、技术或工艺开发机构努力追求的效益目标。

4. 敏捷性

智能工厂可以在无须过多干预的情况下适应生产计划和产品变化。先进的智能工厂还可以根据产品类型，自行配置设备和物流，并实时评估变化所造成的影响。例如，在小分子生产过程中，工艺强化和小型化，以及高频物联网传感器的使用，不但提高了转换的敏捷性，而且降低了清洁过程的验证等待时间。

5. 最优化

智能工厂通过工艺流程自动化及资产同步化，几乎无须人工干预就能实现可靠运行，从而提升产量、延长运行时间、改善产品质量，并降低成本避免浪费。例如，一些生物科学领域制造商尝试实现产量和设备更新的多级优化，以达到整体最优，而不是局部最优。生产商可以依据自身的迫切需求确定实现这些功能的轻重缓急。分步实现各种优势相比于一个雄心勃勃的庞大计划不仅更容易把控，而且可以实现量化资产效率、质量管理、成本优化、安全和可持续性等各种收益。

三、创建智能工厂战略

随着智能工厂系统数量的增长，融合各系统的数据并得出具有意义的结论难度将呈现指数式而非线性提升，智能工厂战略必须能应对这一挑战。在制定战略时，必须了解智能工厂与技术之间的区别。智能工厂是以联网的方式运行各种经营职能。技术的作用则是实现智能工厂的能力，同时遵守不断变化的监管要求。此外，智能工厂战略应涵盖四个方面内容。

一是数字化基础。数字化基础包括可以扩展到更高级能力的平台、应用程序和技术工具，以及业务流程和层次体系，以便充分利用每个平台的独特功能。所有平台、应用和工具都应稳定和标准化，以便能共享重要信息或交易。目前生物制药企业所面临的是由生产系统、生产技术资产和通信网络组成的一个独特生态系统。一些企业已经开始了基础设施的现代化之旅，正在生物制药生产中建立一个强大的智能工厂体系。

二是数据流动。机构融合到公共平台后，下一步就是使平台彼此相互连接。顺畅、实时的信息交流有助于提高生产率和数据完整性，这对车间平稳运行至关重要。连通性还可以打破信息孤岛，从而实现职能间的相互协作以及端到端的信息透明度。例如，从环境监控系统或工艺历史数据提取的信息对于人工智能运行或机器学习算法至关重要，这有助于实现整体优化。

三是面向未来工作。未来工作包括确定生产车间的特定角色，阐述智能工厂的发展如何赋予人们直观、便捷的工具。同时，还需分析新工艺将如何影响各相关方。制订计划、加强交流，并确保人们拥有共同愿景。例如，使用人工智能聊天机器人和增强现实技术有助于改观和提高生产车间的人员绩效。

四是预计数据对决策的作用。将工厂和企业平台生成数据加以融合，有助于发现通过新工作流程进一步优化运营的途径。利用物联网传感器和机器学习等技术，生物制药企业可将相关数据用于智能工艺监控、先进运行方案、有的放矢地维护和其他高级功能。在确定高级功能时，应将重点放在那些独特的、三年内可以实现的，并能在信息技术（IT）和业务之间协作开发的功能。此外，需验证每种功能能否赋予关键业务持续的竞争优势。

最后，在各相关方和商业合作伙伴之间确定对生产、科学技术、产品质量、企业信息技术和生产节点领导的合理预期。应树立长期思想，认识到建立智能工厂是一个过程，而不是目的。

四、打造智能工厂

智能工厂方案看似烦冗复杂，但是，应从大处着眼，利用各种手段全面改善智能工厂的各项能力；还应从小处着手，稳扎稳打；此外，还应行动迅速，将智能工厂及时发展为一个生产网络。只有这样，生物制药企业才能实现智能工厂预期的收益。

一是从大处着眼。首先，人们应努力设想数字化可以通过哪些方式弥补企业运营的不足。例如，生物制药工厂的操作员通过相互协作和主动获取生产车间数据能够迅速做出反应，从而防患未然，减少生产故障时间，实现其价值。采用不同的方法，针对不同环境合理运用各种工具及特性，并思考各自未来的变化趋势。这种宏观思维背后有两个目的：一个是设定宏伟愿景，激励各相关方；另一个是避免方案不完整：需求范围过小或过多的设计禁忌都会妨碍各节点或功能的有效推广。众多数字工厂技术与方案案例显示，上述不足使生物科学企业处于竞争劣势。

二是从小处着手。有了宏伟愿景，下一步就是建立试点充当数字孵化器。在这里，可以在受保护的状态下对小型商业案例（例如，对单一资产、生产线或工厂进行数字化管理）进行试点。在生产车间，相关概念的验证必须能为一项或多项纵向指标带来切实的性能改善，以便给领导层树立信心。例如，可围绕交接和操作协作对生物制药人员绩效和降低人为错误率进行简单的概念验证，以加深对大量药品原料生产进步的了解。如果这类概念被证明行之有效，则可以将其扩展到整个工厂网络。不断扩大数字化资产规模，可驱动规模经济效应、减少资产闲置时间和转换时间，如此一来，企业所获得的价值将呈现指数式而非线性上升。例如，在装备高级视觉系统的灌装线的清场概念得到验证之后，灌装/总装签约生产商便可优化清场，将视觉系统的数据与近实时设备、清洁室资产传感器数据及实时环境监测数据相结合，以改善生产线清场状态，进而使灌装生产线的待机时间减少 30%。为管理试点项目数量，可根据可行性、价值变现时间，以及与智能工厂整体愿景确定轻重缓急。可从专家和行业领导处获得试点建议，并兼顾质量控制和监管事务等因素。管理流程必不可少，用于评估商业价值，以便叫停试点，或推进、扩大和完善试点，同时还应进行其他监督，以防止健康信息（PHI）和个人身份信息（PII）的泄露，如新一代 CAR-T 疗法中的信息泄露。与此同时，需避免过多的工艺流程，以免阻碍创新步伐。

三是快速推广。一旦证实试点具有商业价值、较长寿命周期、可维护性以及满足评审相关要求，就应该将其加以推广。这种过渡既要平稳又要快速，避免支离破碎的智能工厂创新。同时，总体设备效率、产量和批量循环周期等关键性生产车间要求和质量指标需同步进行审核和调整，以使企业的整体数据和意见保持一致。尽管数字孵化器降低了技术和工艺风险，但其规模的扩大导致了管理上的变革和其他挑战，对此应善加管理。

五、结论

生物制药企业所面临的问题不再是是否开启供应链和整体运营功能的数字化之旅，而是从何入手，以及如何开启。

本节的核心是启动智能工厂的三个基本步骤。一是构建改革案例，并阐明智能工厂的预期效益。二是制定战略，阐明智能工厂的数字化基础、数据流动、未来工作流程，以及预测数据对决策的意义。三是通过从大处着眼、从小处着手和快速推广，由几个特定领域快速推广至整个企业，从而打造智能工厂。

同时，智能工厂的每个组成部分在很大程度上具有通用性，且每个都很重要，具体包括以下五个方面。

一是数据。制造商应能创建和收集日常运行的数据流，管理和存储生成的海量信息，并以多种精细方式分析和处理数据。

二是技术。智能工厂包括机器人技术、高性能计算技术、人工智能和认知技术、高级材料和增强现实技术，所有这些技术都可用作连接资产和设备、了解数据意义并实现商业运作的数字化。

三是流程。自主性系统可以在没有人为干预的情况下制定和执行多项决策，使决策权转为机器，或将决策权集中在少数人手里。

四是人力资源。成功的智能工厂之旅需要一支积极的团队，能够接纳对其角色的较大冲击，创新招聘方式，重视跨职能角色。

五是安全。随着智能工厂的普及，网络安全似乎更严峻，并有可能跨越智能工厂的围墙，波及供应商、客户及其他生产设备。

智能工厂是对生物制药生产的长期、系统性变革。产业界应关注生物制药生产的独特之处，探索与企业生产最相关和最有价值的变革，并加以利用。

展　望　篇

第十二章

2021年战略性新兴产业发展形势展望

第一节　2021年战略性新兴产业总体形势判断

一、创新投入增强，前沿技术加速突破

2020年，受新冠肺炎疫情的影响，全球经济发展遭受重创，大数据、人工智能、无人自主技术、生命科学等科技应用在各国的抗疫工作中发挥了巨大作用，使科技成为各国从疫情的阴霾中走出来的重要抓手。在此背景下，世界主要经济体继续强化国家科技创新战略部署，2021年全球主要国家创新研发投入持续增加，不断加大前沿基础性研究，前瞻谋划未来产业，积极抢占高技术领域制高点。美国在2021年3月31日发布的“美国就业计划”中将1800亿美元投资于研发和未来的技术，用于研发5G、人工智能、先进材料和电动汽车等新技术。欧盟发布《2021—2027年度财务框架》《塑造欧洲的数字未来》《人工智能白皮书》《欧洲数据战略》等顶级科技战略文件，拟投入巨额资金支持人工智能、超级计算、量子通信、区块链等颠覆性和战略性技术发展。英国国防部发布《2020年科技战略》，提出至少将国防预算的1.2%直接投资于科技，着力发展人工智能、数字技术等。韩国科技部启动《人工智能国家战略》，在未来十年将投资1万亿韩元研发人工智能半导体技术。我国“十四五”规划中明确提出要在类脑智能、量子信息、基因技术、未来网络、深海空天开放等前沿科技和产业变革领域布局。随着全球加大创新研发投入的热潮，前沿技术领域将持续突破，战略性新兴产业进入快速发展期。

二、跨界融合催生新产业、新业态、新模式

战略性新兴产业的发展呈现出跨界、交叉融合的新特点，特别是随着新一轮科技革命与产业变革的纵深推进，以人工智能、量子信息、移动通信、物联网、区块链为代表的新一代信息技术加速突破应用，已呈现出群体性突破、交叉融合的特点，技术演进和产业应用的速度明显加快。新一代信息技术、大数据、人工智能等新技术与传统产业的结合催生了大量新产业、新业态、新模式，特别是在新冠肺炎疫情期间，更是催生了一大批线上服务平台，如在线教育、在线医疗、线上生活服务、无人零售、无人配送等行业强势崛起，掀起了战略性新兴产业新一轮发展高潮。不同学科、不同行业之间的融合互补性持续增强，行业之间的界限将变得不再明确，在大幅提升整体效率的同时，有效提升产业的整体竞争力。

三、数字化转型成为关键抓手

当前，数字经济方兴未艾，大数据、人工智能、区块链等新一代信息技术得到蓬勃发展和深度应用，信息技术领域的颠覆性创新不断涌现并向实体经济部门快速渗透扩散。数据已成为关键生产要素，数据要素的融入，突破了传统产业发展的时空限制，重新定义了技术创新范式、产品功能、生产组织和流通方式，成为战略性新兴产业发展的重要抓手。如美国约翰迪尔公司生产的新型拖拉机可以直接从田地里收集气候信息和土壤数据，并通过后台数据分析后，把数据服务卖给农民。小米借助网络规模化优势，有效利用大量需求信息数据和测试数据，加速手机缺陷改进，缩短产品研发周期。推动工业互联网、大数据中心建设，激活大数据资源要素潜力，促进以数字驱动的新业态、新模式蓬勃发展。

四、碳达峰、碳中和目标带来新发展机遇

全球气候变暖已成为人类发展面临的最大的非传统安全挑战，世界主要经济体美国、日本、英国、加拿大、韩国等相继明确提出碳达峰、碳中和目标，我国也首次提出实现碳达峰与碳中和的目标。为实现解决气候危机的技术突破，美国力求成为清洁能源技术和清洁能源就业领域的全球领导者。美国在“美国就业计划”中提出将投资 150 亿美元用于气候研发重点示范项目，包括公用事业规模的储能、碳捕获和储存、氢气、先进核能、稀土元素分离、

海上浮动风能、生物燃料/生物制品、量子计算和电动汽车等，这将大力推动战略性新兴产业的发展。2020年11月，英国公布了“绿色工业革命”计划，将投入120亿英镑资金，用于壮大海上风电产能、绿色建筑保温和发展国内低碳氢气产能。2021年1月，在日本第204届例行国会上，提出设立2万亿日元（约合1249亿元）的环境基金，督促太阳能发电、低成本电池等领域企业加快前沿技术研发。欧盟各国也密集出台清洁能源的投入力度及补贴政策，加快步伐发展清洁能源产业。可以预见，在“双碳”目标要求下，清洁能源行业将成为战略性新兴产业发展的重点爆发领域。

第二节　新一代信息技术产业

一、新一代信息技术产业将持续增长，并带动其他相关产业发展

随着5G、人工智能、量子科技的突破和发展，未来新一代信息技术产业和其基础设施建设将成为各国的投资热点。以5G为例，当今社会，在5G网络的部署所带来的有利环境下，与5G相关的半导体与芯片生产、电信设备等都有着很大的发展潜力。目前，全球的电信设备总投资额约75亿美元（约合485亿元），据专家估计，到了2025年，这一数据将高达1500亿美元（约合9698亿元）。人工智能也不例外，2020年，人工智能已经成为创业圈和投资圈的高频词汇，中国的人工智能基础市场规模已达到39.3亿美元（约合254亿元）。而目前全世界的人工智能缺口依然很大，人工智能在未来也有较好的发展前景和优势，2025年世界人工智能市场规模将超过6万亿美元（约合38.8万亿元）。对于量子技术而言，其虽然发展得非常迅速，目前仍处于初级阶段。由此可见，在新一代信息技术的带动下，新一代信息技术产业也将持续增长，并带动其他产业的发展。

二、在新一代信息技术影响下，经济社会数字化转型将全面推动各领域高质量发展

在新一代信息技术发展的带动下，全球的经济社会将进入数字化转型发展的新阶段。互联网、物联网的普及和互联，信息服务的各种创新产品，都将推动经济产业和信息领域的高质量发展。在未来，电子商务、共享经济、智能制造等各种产业和产品会渗透到人们衣食住行的方方面面。此外，智慧

城市、智慧小镇、政务服务的数字化发展也将提高人们的生活便利性，并降低社会管理的成本。世界主要发达国家也将围绕数字贸易、数据跨境流动、网络安全等问题进行竞争和博弈，最终对全球的政治、经济、贸易、军事等领域产生重大和深远影响。

三、新一代信息技术产业与制造业融合发展，新智造将成为未来发展趋势

2020 年中央全面深化改革委员会第十四次会议通过的《关于深化新一代信息技术与制造业融合发展的指导意见》，以及 2021 年中共中央、国务院发布的《中共中央国务院关于新时代推动中部地区高质量发展的意见》的制定，旨在推动大数据、物联网、人工智能等新一代信息技术在制造业领域的应用创新，代表着我国在未来将加快推进新一代信息技术和制造业的融合，以智能制造产业为主要的发展方向。新一代信息技术产业与制造业的融合发展不仅是适应新一代科技革命和产业变革的大趋势，更是夯实融合发展的基础的重要举措。与此同时，健全相应的法律条文、专利政策，进一步提升制造业数字化、网络化和智能化产业、产品的发展，推动信息技术与先进制造技术深度融合，推动制造业全方位、全角度、全链条数字化，推动制造业从局部调整向全局优化转变，以符合我们国家未来发展的战略规划和百姓幸福生活的国家政策。

第三节　高端装备制造产业

一、智能制造成为高端装备制造产业发展趋势

“互联网+”促使高端装备制造企业借助物联网、大数据、人工智能等新一代信息技术取代封闭的生产制造系统，提高制造系统柔性化、自动化和智能化水平，通过信息物理融合系统，将工业设计源头与工厂的各个末端连接起来，实现人、产品、设备完全交互，牵引着传统工业发生革命性的演变。搭建设计、生产、采购等业务“一体化”智能生产流程设施，建立智能化的生产系统和车间物流系统，使智能化设备机器代替人工操作的机器，通过云技术把所有生产资源都连接起来，使目前的半自动化、全自动化生产系统向智能化生产系统转变，实现高端装备的定制化与规模化、个性化与普适化相结合。未来，高端装备制造企业将在互联网技术的加持下，更加关注设备的智能化、

系统的智能化、高端装备整机的智能化水平，各类智能化高端装备将应运而生。

二、大数据应用成为高端装备制造产业发展重要支撑

目前，数据已经渗透到当今多个行业和业务领域，成为工业的重要生产要素，对于数据的挖掘已经成为企业提升竞争实力的重要来源。高端装备产业是劳动、资金、技术密集型产业，涵盖上游钢铁、化工、新材料等领域，中游机电、整机制造等领域，以及下游天空探索、海洋资源勘采、交通运输等领域，应用人群和应用市场庞大，行业复杂性高、充满变化，高端装备制造产业当之无愧地成为最复杂的大数据行业。“十四五”期间，高端装备相关企业将加速挖掘及利用数据，探索以大数据为基础的解决方案，推动高端装备制造产业转型升级、提高生产效率。

三、卫星及应用领域将成为高端装备制造新增长点

2020 年，北斗三号系统全面建成，将面向全球用户提供服务。在中美经贸摩擦愈演愈烈的背景下，北斗系统全面启用将成为必然趋势。北斗系统所提供的星基增强、地基增强、精密单点定位等服务将为北斗高精度的泛在化应用奠定坚实基础，北斗系统的应用将从目前军用、警用和行业应用拓展到更宽、更广的领域。在当前智能网联汽车、无人系统等高精度应用需求剧增的形势下，以北斗为代表的卫星及应用领域将呈现爆发式增长。同时，我国于 2035 年前将建设完善更加泛在、更加融合、更加智能的综合时空体系，发展北斗时空产业经济将成为产业新一轮发展的关键机遇和增长动力源，有望进一步带动数万亿元规模的时空信息服务新市场。同时，新冠肺炎疫情暴露了我国卫星应用、空间定位等技术在公共应急事件、重点人员物资监控、智能化城市管理等方面的不足，极大地促进了卫星应用领域的市场需求，进一步提升卫星及应用领域市场空间。

第四节　新材料产业

一、自立自强将贯穿我国新材料发展的下一个五年

随着下游市场需求的不断增大，新材料产业实现多元化发展，各类新材料产品与新一代信息技术、高端装备制造、新能源汽车等产业的跨领域融合将进一步深化。在新一轮科技变革的大背景下，新业态、新场景、新模式的

产生对新材料产品有了更多的要求，如 5G 技术的需求带动了滤波器、振子等材料的发展，而随着科技水平的进一步提升，通过多种创新模式突破新材料领域瓶颈的产品技术成为未来新材料领域发展的趋势。

二、新技术的应用助力新材料产业发展

新材料的创新模式正在逐渐发生变化。传统的材料研发、应用模式正在与新的技术相结合，创新运用数字仿真、大数据计算、3D 打印等新研发途径，不断提升新材料的研发效率，孵化出准确、高效、便捷的技术产品创新路径。我国部分高校依靠长期在新材料领域的积累，通过建立材料创新研究平台，不断完善材料知识图谱与材料数据库，以大数据分析的方式为材料收集、化学特性数据库构建、材料模拟设计技术等方面提供理论支撑，未来基于大数据的分析计算将加速产品迭代的效率。

三、5G 应用领域将成为新材料新增长点

据 IHS 预测，2035 年 5G 产业在全球销售的市场规模将达 79.5 万亿元，其中制造业占比预计将达到 22.0 万亿元；在信息通信和批发零售业领域，预计市场规模可分别达到 9.1 万亿元和 8.4 万亿元，其他多个领域均有较大发展空间。5G 产业链大体上可分为 5G 终端与 5G 网络，随着智能制造、智能网联汽车、智能终端设备的市场规模快速增长，5G 产业链中 5G 手机、可穿戴设备、物联网终端、接入网基站及配套设备在未来的需求量也将持续增大，沿产业链延伸，与之密切相关的微波介质陶瓷、高频基材、塑料天线振子、LCP 与 MPI 等材料的需求量将进一步提升，如高频基材的市场规模在 2023 年将达到 262.4 亿元，3D 玻璃 2023 年的市场规模有望达到 280 亿元，相比 2017 年将翻五番。

第五节　生物产业

一、生物医药将在创新驱动下不断壮大

随着一致性评价、带量采购、医保目录调整，以及注册制度改革、药品上市许可持有人制度、新药审批加快等政策措施落地，我国生物医药产业发展的供给和需求政策环境更加优化。尤其是在信息技术、人工智能等新技术加持下，生物医药研发更加高效智能，新药上市速度将加快，医疗设备网络

化、智能化、数字化水平更加明显，医药质量水平将会显著提升。随着细胞治疗、基因治疗技术突破，一批新的药物和治疗方式也将不断涌现。生物融合发展更加深入，以生物芯片为代表的融合发展成果将提升整体医疗信息化、数字化水平。总的来说，随着生物医药产业技术不断突破，我国生物医药产业创新能力将进一步增强、产业规模持续扩大、竞争力明显提升。

二、信息智能技术助推生物产业发展

产业融合发展更加深入，在信息技术、人工智能等新技术加持下，基因筛选、细胞培育、生物育种等技术迭代加快，研发更加高效智能，新产品上市及新模式推广将加快。以生物芯片为代表的融合发展成果将提升整体医疗信息化、数字化水平，产品的网络化、智能化、数字化水平更加明显。信息智能技术与生物技术融合，将促进生物医药、生物农业、生物制造等产业不断壮大。

三、生物服务市场增长潜力大

生物服务市场保持强劲的市场增长动力。从市场需求看，由于创新药的专利保护期只有 20 年，很多企业特别是创新型中小企业面临前期投入高、成本高的难题，在创新药发展上也更愿意与 CRO 企业合作，寻求更专业的研发服务，以缩短研发进程、减少研发成本。从环境发展看，近年来，我国在政策支持、基础设施、产业链配套、人才培育、知识产权保护、生产制造水平等方面的支撑能力不断提高，在要素成本方面相对欧美国家更具竞争优势，推动我国医药服务行业快速成长。从龙头企业发展看，近几年，行业龙头企业在企业数量和规模上都开始高速增长，如药明康德 2018 年营业收入为 96.14 亿元，2020 年营业收入为 165.35 亿元；博腾股份 2019 年营业收入为 15.51 亿元，2020 年营业收入为 20.72 亿元。此外，国内具备国际认证的临床前 CRO 企业也不断增多，昭衍新药、康龙化成、华西海圻等通过了 FDA GLP 认证检查。多重优势将助力我国生物服务市场释放更大发展潜能。

第六节　新能源汽车产业

一、碳达峰、碳中和加快新能源汽车发展

在中央经济工作会议、政府工作报告中，都把做好碳达峰、碳中和工作

作为重要任务，提出二氧化碳排放力争于 2030 年前达到峰值，努力争取 2060 年前实现碳达峰、碳中和两项目标。实现碳减排、碳达峰的目标，汽车产业显然要承担重要任务。2020 年中国汽车工程学会发布的《节能与新能源汽车技术路线图 2.0》，把低碳化作为汽车技术的发展方向，提出汽车产业碳排放要在 2028 年提前达峰，到 2035 年碳排放总量较峰值下降 20%以上。新能源汽车使用电能或氢能，直接排放为零，逐步提高新能源汽车产销在汽车产业中的比重，有助于加快实现汽车行业的碳减排。目前，国家和地方层面制定的一系列政策，围绕汽车轻量化、绿色化、低碳化方向，给予一定的政策支持。

二、产业链、供应链安全问题提上重要日程

汽车产业的产业链复杂，涉及钢铁、化工、新材料、电子、机械等多个领域，供应链复杂，配套零部件数量大、上下游供应环节多。新冠肺炎疫情使得汽车产业供应链出现了紧张甚至断供的情况，复工复产困难较大、任务艰巨，给产业链、供应链安全敲响了警钟。从对外依赖程度看，我国新能源汽车在部分关键核心零部件方面还没有完全突破，电池、电机、电控等二三级零部件过度依赖进口，控制系统、汽车芯片等仍然受制于人。从国内看，新能源汽车产业链、供应链布局有待优化，仓储、物流、销售等环节的成本仍有较大下降空间。今后，自主可控和安全发展将成为新能源汽车产业的重要目标，通过国家政策支持、企业技术创新、产业布局优化、营商环境改善等，推动产业链补链、延链、强链，进一步增强供应链的弹性和韧性。

三、行业加快从政策驱动向消费拉动转型

尽管由于疫情，计划于 2020 年年底到期的新能源汽车补贴政策又延续了两年时间，但是行业竞争格局已经开始发生明显的变化。事实证明，新能源汽车行业经过大浪淘沙，淘汰的是那些没有及时摆脱补贴依赖的车企，胜出的是那些面向市场、面向消费者、面向全球开发产品的优势企业。特别是国外品牌特斯拉以及国内品牌蔚来、小鹏等的成功，证明只有真正的好产品才能激发有效市场需求，有效市场需求则进一步拉动新能源汽车产销增长。目前，国内新能源汽车企业盈利状况不佳，大部分处于亏损状态，两年后政策退出可能将加剧这种情况。国内新能源汽车企业特别是自主品牌车企应做好战略规划，制订针对性的过渡期计划，提高在政策退出后的生存发展能力，

提高与国外品牌产品同台竞争的能力。

第七节　新能源产业

一、从技术层面看，智能化、分布式成为重要趋势

我国新能源发展思路将从过去的基地式大发展向用户分布式转变，并建立大规模集中利用与分布式生产相结合的新格局。分布式能源具有经济效益好、利用效率高、供应可靠性强等优点，已成为全球能源技术的重要发展方向。当前，在我国中东部地区，新能源分布式发电已具备较大规模的应用条件，具有较好的经济性。未来，新能源分布式发展是必然趋势，新能源和传统能源的包容式发展将进一步实现多元化发展，形成多能互补发展模式。风电、光伏、生物质能、地热能等新能源的分布式应用将大规模提升我国能源效率，为我国能源安全提供重要保障。同时，随着能源技术的快速发展，以智能化为特征的能源生产方式加速涌现。智能电网、分布式智能功能系统开始推广应用，智慧能源、能源互联网等新业态快速发展。因此，应进一步加大对新能源技术的研发投入，推动智能技术在电力、能源系统中的广泛应用，完善鼓励分布式能源发展的体制机制，加快推动新能源智能化、分布式发展。

二、从市场层面看，碳达峰、碳中和为产业带来新需求

我国对碳达峰、碳中和提出明确要求，这为能源转型变革指明新的方向。2020 年年底召开的中央经济工作会议提出，“做好碳达峰、碳中和工作”是 2021 年的八大重点任务之一。发展新能源是实现碳达峰、碳中和的重要路径。碳达峰、碳中和对能源结构转型提出更高的要求，同时进一步激发新能源市场需求，推动新能源产业实现跨越式发展。随着能源技术的不断突破，我国长期以来的“高弹型”能源结构有望实现低碳化改良。未来我国将进一步大力发展太阳能、风能发电，而波动性的新能源大规模、高比例并网，将对电网安全运行和清洁能源消纳带来巨大挑战。因此，应在大力发展新能源的同时，推动电力系统技术升级，提升新能源消纳和调度技术水平，扩大新能源消纳市场空间，提高新能源发电利用率。

三、从政策层面看，新能源产业发展迎来“黄金期”

2021 年作为“十四五”的开局之年，各地方积极部署新能源产业，将光

伏、风电、水电等新能源列入“十四五”规划。其中，内蒙古自治区提出实施“新能源倍增”等十大工程，计划完成投资近万亿元；云南省规划建设31个新能源基地，装机规模累计1090万kW；浙江省将实施“风光倍增计划”，力争到“十四五”末期，光伏、风电装机分别达到2750万kW、640万kW以上。在政策利好背景下，我国风电、光伏有望实现爆发式增长，氢能等前沿科技领域将实现重大突破。今年是光伏补贴退出前的最后一年，国内需求有望出现新一轮高增长。同时，大型化风机应用助力风电成本持续下降，规模效应、技术革新有望持续提升风电成本竞争力。从2021年开始，风电、光伏发展将进入平价阶段，有望实现市场化、竞争化发展。

第八节 节能环保产业

一、节能环保产业呈高增长态势，业内并购和跨界整合引发产业格局变迁

目前，节能环保产业集中在较成熟的水务和固体废弃物行业。随着行业并购规模进一步扩大，业内兼并重组将形成行业龙头的垄断竞争格局，而跨行业重组则会带来产业链条的延伸，促进非节能环保企业的跨界收购。其中，中国石油化工集团公司、中国中铁四局集团有限公司，通过资本、技术、工程和设备等途径，已经进军节能环保产业。“十四五”期间，行业集聚度提高，竞争力会再上一个台阶，“专精特新”企业将发挥核心技术优势，形成大中小企业融通发展格局。企业间专业化生产和协作配套能力将进一步提高，形成区域、产业、行业、企业集成化与差异化发展，助推我国节能环保产业良性竞争。

二、国内节能环保装备企业继续开拓国际市场，“走出去”将成为节能环保装备企业的重要发展方向

“一带一路”倡议沿线地区是我国节能环保装备企业“引进来”和“走出去”的主战场。我国节能环保装备企业在传统的工程建设、环保设备及产品制造等方面具有较强优势，“走出去”成为未来环保企业的战略焦点，国家重点支持国内节能环保装备企业开拓国际市场，在境外设立研发机构。鼓励融资主体多元化，积极与国际金融机构接轨，推动节能环保装备由单机或成套设备出口向海外投资或工程总承包转变，带动环保装备出口。

三、节能环保产业与多领域协同融合，绿色制造新业态不断涌现

当前，人工智能、纳米新材料、智联网、云计算、遥感监测、大数据等前沿技术的不断创新和突破，催生了智慧环保等新业态，解决了环境及污染信息全面感知、环保数据高速传输，以及应急事件智能决策等传统环保工作痛点，使得应用场景不断拓展创新。未来，随着污染源监控、垃圾回收、智能家居、智慧节能、节能环保金融、物联环保等新型服务业不断涌现，绿色制造新业态将成为节能环保企业优化装备产品结构、提高核心竞争力的重要方式。

四、国内外贸易“绿色壁垒”促进装备制造和服务并重升级，推动绿色工厂和绿色园区建设

近年来，我国节能环保建设任务虽初步完成，但电器电子、石油化工、汽车制造、机械装备、钢铁冶炼等高能耗、重污染行业仍存在产品全生命周期渗透率不足、核心环节技术瓶颈等问题。未来高效节能技术的持续研发将促进传统装备制造升级，变频控制、能量系统优化等高效节能技术广泛融入工业生产，高效电机、余热余压利用等工业节能细分市场份额将逐步扩大。我国应加快构建一批围绕PM2.5与臭氧的协同控制、钢铁行业的超低排放、柴油车的治理、污水治理资源化等领域的智能化、数字化应用布局，进一步构建绿色工厂、绿色园区、绿色供应链、绿色产品进退机制，继续培育壮大绿色装备制造和服务业并重升级。

第九节　数字创意产业

一、5G等技术催生产业发展新模式

5G技术发展突破了传统数字信息传输障碍，促使难以企及的文化创意需求成为可能。例如，故宫博物院通过5G网络全覆盖，借力以5G为支撑的云化基础设施功能，为传承优秀传统文化提供了新的解决方案。5G、AI、大数据、VR/AR等新技术的深度应用，不断催生VR/AR游戏娱乐、智慧旅游、广播电视、高清直播、沉浸式多媒体产业等多种应用场景。数字技术快速发展，将推动游戏电竞、网络文学、动画动漫等行业呈现爆发式增长，实

现影视、动漫、出版等多领域全产业链开发。同时，5G 等数字技术与文化内涵的深度交融，不断丰富我国文化传播模式，将大力推动展现中国文化的数字产品，如非遗主题、漫画历史等走出国门。

二、“后疫情时代”促进数字创意文化新消费

新冠肺炎疫情之下，数字技术加快数字创意产业加速变革，促进电竞、直播、短视频等新业态快速发展。受疫情影响，全球经济社会受到巨大冲击，但以数字创意产业为代表的在线经济逆势而上，发展迅猛。网络音频、在线影视、网络文学等数字消费快速发展，一大批平台型、服务型、内容型数字创意公司加快成长，数字创意文化的内容和形式不断丰富。进入“后疫情时代”，数字创意文化市场将迸发出更多新的消费需求，将进一步推动数字创意产业创新发展，为数字创意产业带来新的机遇。

三、中国文化助推数字创意产业发展攀升新高度

借助先进的数字技术，华夏大地上的文物古迹、古籍里的文字思想等中国文化在世界的“能见度”不断提升。随着中国文化在全球的推广，越来越多的优秀企业和作品走出国门，将进一步推动我国数字创意产业国际竞争力提升。在中国文化世界影响力逐渐增强的背景下，数字创意产业“走出去”已经从政府被动要求变成企业的主动需求，并从资本出海向产品出海转变。未来，越来越多承载中国文化的数字创意产品将出现在世界舞台上，推动我国数字创意产业向拥有优质产品服务供给的知识密集型产业转变。

后　记

为全面系统地研究和梳理我国新兴产业发展的基本情况和发展趋势，在工业和信息化部规划司的指导下，中国电子信息产业发展研究院编著完成《2020—2021 年中国战略性新兴产业发展蓝皮书》一书。

本书由张立担任主编，程楠担任副主编。具体编写分工如下：前言（康萌越）、第一章（杨幸、朱杰、谭俊彬）、第二章（魏强、杨幸、郝伟伟、赵芸芸、曹茜芮）、第三章（王海龙、王易之）、第四章（樊蒙、徐凯舟）、第五章（黄诗喆、康萌越）、第六章（黎文娟、岳维松）、第七章（李杨、谢振忠）、第八章（赵玉）、第九章（姚荣）、第十章（杨宇轩）、第十一章［宋颖昌、陈笑天、王舒磊、安晖、徐阳阳（译）］、第十二章（郝伟伟、黎文娟、岳维松、姚荣、王海龙、王易之、王曼、樊蒙、谢振忠、黄诗喆）。

本书在编写过程中得到了工业和信息化部有关司局、地方工信部门各位领导以及行业协会和企业专家的精心指导和大力支持，由朱明皓、张爱萍等专家审稿，在此深表感谢！

2021 年是“十四五”规划开局之年，我国将开启全面建设社会主义现代化国家新征程，战略性新兴产业也将迎来发展新时代。我们将继续围绕战略性新兴产业发展的前瞻性、战略性、现实性问题开展深入研究，积极建言献策，为加快推进制造业高质量发展、建设制造强国贡献力量。